한상인 교수의

성경 66권 맥잡기 1

구약편

한상인 교수의

성경 66권 맥잡기 1

구약편

한상인 지음

다윗의열쇠

추천사

성경 66권 안에는 인류의 창조와 타락, 이스라엘의 역사, 예수 그리스도의 사역과 십자가와 부활, 교회의 시작과 성령의 사역 등이 기록되어 있습니다. 성경을 깊이 보면 인간을 향한 하나님의 섭리와 사랑을 깨닫게 되고, 성령의 인도하심을 통해 앞으로 나아갈 방향을 알게 됩니다.

"주의 말씀은 내 발의 등이요 내 길에 빛이니이다"(시 119:105)라는 시편 기자의 고백처럼 하나님의 말씀은 인생의 나침반이며, 삶의 목표가 됩니다. 또한 하나님의 말씀은 살아 있고 활력이 있어 좌우에 날선 어떤 검보다도 예리하며 마음의 생각과 뜻을 판단한다고 말씀합니다(히 4:12). 이처럼 성경 66권은 단순한 책이 아니라, 살아계신 하나님의 말씀입니다. 그 말씀은 죄와 마귀의 권세를 꺾어버리고 우리의 영혼을 성숙시켜 성령의 도구로 온전히 쓰임 받게 하는 능력과 생명입니다. 그러므로 모든 그리스도인들은 항상 말씀으로 무장한 사람이 되어야 할 것입니다.

한상인 목사는 한세대학교에서 구약학 교수로 오랫동안 후학들을 가르쳐왔으며, 일본 순복음동경교회 담임목사를 거쳐 여의도순복음교회 부목사로 사역하고 있는 학문과 영성을 겸비한 아끼는 제자입니다. 이번에 성경 66권을 개관한 책을 출간하게 된 것을 매우 기쁘게 생각하며 축하합니다.

주님의 귀한 사역에 쓰임 받는 모든 성도들과 신학생, 사역자들이 이 책을 통해 더욱 은혜를 받고, 하나님 나라의 사명을 이루어 나가는 귀한 일꾼이 되시기를 축원합니다.

2013년 9월

여의도순복음교회 원로목사

조용기 목사

추천사

모든 성경은 하나님의 감동으로 기록된 것으로 영혼육에 구원과 생명을 주는 진리의 말씀입니다. 기도와 말씀의 사람이었던 조지 뮬러(George Muller) 목사는 "우리의 영적 생활의 활력은 우리의 생활과 생각 속에 자리 잡은 성경의 비중에 달려있다"라고 말했습니다. 그러므로 성경 읽기의 중요성은 아무리 강조해도 지나치지 않을 것입니다.

하지만 성경은 약 1500여 년의 오랜 기간에 걸쳐 다양한 문화와 상황 속에서 기록된 책이기 때문에 이해하기 어렵거나 오해하기 쉬운 내용들이 들어 있습니다. 그래서 어떤 사람들은 성경 읽기를 꺼려하기도 하고 어떤 사람들은 성경을 잘못 해석하여 미혹되거나 이단에 빠지기도 합니다. 그 때문에 성경을 올바로 이해하기 위해서는 좋은 인도자가 필요합니다.

그동안 한상인 목사님은 본 교회에서 새벽 기도회를 통하여 성경 66권을 한권씩 개괄하는 설교를 해왔습니다. 이번에 그 강해를 정리하여 책으로 출간하게 된 것을 기쁘게 생각합니다. 성서학자이자 본교회 목사로서 저자는 본서를 통해 성경 66권의 개요를 잘 파악할 수 있게 해줄 뿐만 아니라 삶에 적용시킬 수 있도록 깊은 깨달음을 제시해주고 있습니다. 그러므로 본서는 많은 목회자와 성도님들이 성경을 이해하고 총체적으로 정리하는데 큰 유익을 줄 것입니다.

아무쪼록 여러 성도님들이 본서를 통해서 하나님의 말씀인 성경에 더 가까이 다가갈 수 있기를 바랍니다. 그래서 말씀으로 충만하여 하나님의 사랑과 은혜를 더욱 깊이 누리게 되시기를 축원합니다.

2013년 9월

여의도순복음교회 담임목사
이영훈 목사

머리말

사람이 어떤 일을 행할 때, 숲을 보되 나무를 보지 못하는 치밀함이 없어서도 안 되지만 나무를 보되 숲을 보지 못하는 통찰력이 결여되어서도 안 될 것입니다. 치밀함과 대범한 통찰력은 정반대의 속성이면서도 서로 보완해주는 특성을 가진다고 하겠습니다. 그런데 성도들을 진리와 천성으로 인도하는 지도자로서의 목회자는 성경을 가르칠 때 한 구절 한 구절에 대한 치밀함도 중요하지만, 전체를 꿰뚫는 통찰력이 더욱 필요합니다. 이 나무 저 나무 옮겨 다니며 열매를 취하는 것도 중요하지만 어디로 무엇을 위해 가야 하는지에 대한 방향성이 더욱 중요한 것입니다.

성경을 가르치는 사역을 시작한지 올해로 만 30년이 되었습니다. 성경의 구원의 진리는 간단하고 명료하지만, 그 깊고 오묘한 말씀은 세월이 지나가도 여전히 어렵고 날마다 새롭게 다가옵니다. 그렇지만 하나님의 은혜로 지금까지 깨닫고 가르친 것을 정리하는 기회를 얻게 되었습니다. 지난 몇 년 동안 여의도순복음교회에서 새벽기도회를 매달 며칠씩 인도하게 되면서 성경 66권을 한 번에 한 권씩 전할 수 있었습니다. 말하자면 새벽기도회 시간에 50장에 달하는 창세기를 30분 안에 설교하였고, 마찬가지로 1장에 불과한 오바댜서도 그렇게 설교하였습니다. 참으로 대범한 일을 한 것입니다. 그러면서 비록 치밀함은 부족했을지라도 통찰력이 생기는 말씀 강해였다고 자부해보았습니다. 더욱이 매번의 새벽기도회 때마다 성경을 한 권씩 30분 동안 공부하고 30분 동안 기도하면서 66권을 섭렵해본 것은 설교한 저 자신뿐만 아니라 성도님들께도 큰 기쁨이었고, 많은 은혜와 감격을 체험하는 시간이었습니다.

그런데 사정상 성경 66권을 계속적으로 강해하지 못하고 거의 2년에 걸쳐 띄엄띄엄 진행했기 때문에 성경 66권에 대한 새벽기도회의 말씀을 다 듣지 못한 성도님들이 적지 않았습니다. 그래서 성경 66권을 다시 강해해 주기를 요청하는 성도님들이 계셨고, 또 이를 체계적으로 일목요연하게 볼 수 있으면 좋겠다는 말씀이 있어서 이번에 책으로 엮게 되었습니다. 성경의 한 책들을 30분 안에 요약해서 전한다는 것은 결국 각권의 개요를 설명하는 것과 다름이 없었습니다. 따라서 본서는 새벽기도회 때 성경 각 권을 개괄적으로 설교한 기초자료를 정리한 것입니다.

30분이라는 동일한 시간 안에서 설교할 자료를 준비하였으므로, 예컨대 성경의 분량에 큰 차이가 나는 요한복음이나 요한삼서에 대한 자료의 분량이 모두 비슷하도록 구성되었습니다. 시간 제약으로 최대한 짧게 정리했는데도 불구하고 막상 모아보니 분량상 한권으로 묶기가 힘들어서 구약편과 신약편으로 나누었습니다.

또한 새벽기도회에서 실제로 설교한 내용은 새벽실교 CD에서 녹취 정리하여 다음에 출간하고자 했습니다. 아무쪼록 「성경 66

권 맥잡기」가 하나님의 말씀을 연구하고 공부하는 분들께 조금이나마 도움이 되기를 바라는 마음 간절합니다.

그동안 여의도순복음교회 새벽기도회에서 성경 66권을 전할 수 있는 기회를 주신 하나님께 깊이 감사드립니다. 아울러 부족한 제자의 글에 추천사를 써 주신 조용기 원로목사님께 감사드리며, 당회장 이영훈 목사님의 사랑과 권면에 감사드립니다. 함께 해주신 성도님들과 출판에 열과 성을 다해주신 '다윗의 열쇠' 에 감사드립니다.

2013년 9월

여의도순복음교회 교육 · 개척담당 부목사
한상인 목사

■■■ 목차 ■■■

Part 1. 율법서

Part 2. 역사서

Part 3. 성문서

Part 4. 대선지서

Part 5. 소선지서

Part 1.

율법서

창세기

출애굽기

레위기

민수기

신명기

창세기

태초에 하나님이 천지를 창조하시니라 땅이 혼돈하고 공허하며 흑암이 깊음 위에 있고 하나님의 영은 수면 위에 운행하시니라 하나님이 이르시되 빛이 있으라 하시니 빛이 있었고 빛이 하나님이 보시기에 좋았더라 하나님이 빛과 어둠을 나누사 하나님이 빛을 낮이라 부르시고 어둠을 밤이라 부르시니라 저녁이 되고 아침이 되니 이는 첫째 날이니라(창 1:1-5).

Ⅰ. 들어가는 말

오늘날 우리 그리스도인들의 마음을 아프게 하는 세계적인 사건 중의 하나는 아프리카에서 굶어 죽어가고 있는 사람들이다. 특히 이렇다 할 죄도 없을 어린아이들이 앙상한 뼈만 남긴 채 커다란 눈망울만 굴리고 있는 것을 볼 때, 과연 하나님께서는 왜 이런 일을 허락하셨을까 하는 깊은 생각에 잠기게 하는 것이다.

Ⅱ. 창세기는 여러 가지 기원을 말한다

1. 비극적인 인간 현실에 대한 해명서이다.

좋으신 하나님께서 지으신 아름다운 이 세상이 왜 고난이 가득 찬 세상으로 변했는가를 가르쳐주는 책이다.

2. 창세기는 죄의 기원과 결과를 말해준다.

하나님께서 사람들에게 베풀어주시는 온갖 축복이 죄로 의해 가로막히고, 사람들은 가난과 저주, 삶의 허무와 무의미, 질병과 죽음의 늪 속에서 허우적거리게 된 것이다.

아담에게 이르시되 네가 네 아내의 말을 듣고 내가 네게 먹지 말라 한 나무의 열매를 먹었은즉 땅은 너로 말미암아 저주를 받고 너는 네 평생에 수고하여야 그 소산을 먹으리라 땅이 네게 가시덤불과 엉겅퀴를 낼 것이라 네가 먹을 것은 밭의 채소인즉 네가 흙으로 돌아갈 때까지 얼굴에 땀을 흘려야 먹을 것을 먹으리니 네가 그것에서 취함을 입었음이라 너는 흙이니 흙으로 돌아갈 것이니라 하시니라(창 3:17-19).

3. 창세기는 타락한 인간들에게서 시작된 이기적인 문명의 시작을 말해준다.

1) 가인과 아벨이 각각 농업과 목축을 시작함

2) 가인이 에덴 동쪽 놋 땅에 성읍을 건축함

3) 라멕의 자손이 문명의 삶을 열어놓음

라멕이 두 아내를 맞이하였으니 하나의 이름은 아다요 하나의 이름은 씰라였더라 아다는 야발을 낳았으니 그는 장막에 거주하며 가축을 치는 자의 조상이 되었고 그의 아우의 이름은 유발이니 그는 수금과 퉁소를 잡는 모든 자의 조상이 되었으며 씰라는 두발가인을 낳았으니 그는 구리와 쇠로 여러 가지 기구를 만드는 자요 두발가인의 누이는 나아마였더라(창 4:19-22).

4) 노아 홍수 이후에도 바벨탑을 쌓고 하나님을 반역함

Ⅲ. 창세기는 구원의 책이다

1. 원복음

사랑이 많으신 하나님께서는 죄악으로 죽어 가는 인생들을 구원해 주시기 위해 여인의 후손으로 오실 메시야를 보내주실 것을 약속하셨다.

내가 너로 여자와 원수가 되게 하고 네 후손도 여자의 후손과 원수가 되게 하리니 여자의 후손은 네 머리를 상하게 할 것이요 너는 그의 발꿈치를 상하게 할 것이니라 하시고(창 3:15).

2. 구원의 족보

창세기는 구원의 족보를 5장과 11장에서 기록하고 있다. 메시야가 탄생할 경건한 사람들인 셋과 에녹, 노아, 셈.., 아브라함 등의 계보가 그것이다.

한 사람, 한 사람 경건한 자손이 족보를 이어갈 때마다 메시야의 도래가 가까워지고 있음을 깨닫고, 언뜻 보면 지루한 족보 이야기에서도 무한한 감격과 기쁨을 느끼지 않을 수 없게 된다.

3. 구원의 길로 나아가는 절대순종과 믿음을 제시한다.

1) 불순종과 불신앙으로 말미암은 인간의 비극을 극복하는 길

은 믿음이다.

그를 이끌고 밖으로 나가 이르시되 하늘을 우러러 뭇별을 셀 수 있나 보라 또 그에게 이르시되 네 자손이 이와 같으리라 아브람이 야훼를 믿으니 야훼께서 이를 그의 의로 여기시고(창 15:5-6).

2) 믿음의 조상 아브라함이 본토, 친척, 아비 집을 떠나온 것이라든지, 약속을 받은 지 25년 만에 이삭을 낳은 것과 이삭이 무럭무럭 성장하던 어느 날 모리아산에 가서 이삭을 번제로 드리려던 것 등은 믿음의 조상 아브라함의 순종과 신뢰를 통하여 오늘날 신자들이 가져야 할 믿음의 자세를 가르쳐 주고 있다.

야훼께서 이르시되 네 아들 네 사랑하는 독자 이삭을 데리고 모리아 땅으로 가서 내가 네게 일러 준 한 산 거기서 그를 번제로 드리라 아브라함이 아침에 일찍이 일어나 나귀에 안장을 지우고 두 종과 그의 아들 이삭을 데리고 번제에 쓸 나무를 쪼개어 가지고 떠나 하나님이 자기에게 일러 주신 곳으로 가더니(창 22:2-3).

3) 야곱과 에서의 선택과 축복의 문제에서 우리는 구원이 전적으로 하나님의 절대 주권적인 택함으로 말미암는다는 것을 알 수 있다.

야훼께서 그에게 이르시되 두 국민이 네 태중에 있구나 두 민족이 네 복중에서부터 나누이리라 이 족속이 저 족속보다 강하겠고 큰 자가 어린 자를 섬기리라 하셨더라(창 25:23).

Ⅳ. 민족형성의 못자리인 애굽

1. 하나님께서는 약속의 민족을 자라나게 하실 장소로 당시 세계 4

대 문명국의 하나였던 애굽을 택하셨다.

야훼께서 아브람에게 이르시되 너는 반드시 알라 네 자손이 이방에서 객이 되어 그들을 섬기겠고 그들은 사백 년 동안 네 자손을 괴롭히리니(창 15:13).

2. 요셉의 눈물이 많은 곳의 샘을 이루어 야곱의 모든 가족뿐만 아니라 애굽 백성들을 기근에서 구원하게 되었다.

요셉이 그들에게 이르되 두려워하지 마소서 내가 하나님을 대신하리이까(창 50:19).

V. 나가는 말

창세기는 요셉의 죽음과 관으로 마무리되는 비극적인 끝을 가지고 있다. 그것은 비록 절대절망의 암흑 가운데 구속의 빛줄기가 비쳤을지라도 창세기는 보다 세계적이고 완전한 구속을 위한 시작에 불과하기 때문이다. 요셉의 죽음과 슬픔은 이어지는 출애굽기의 민족적 비극과 연결되어, 보다 완전한 구원과 해방의 필연성이 태동되고 있음을 짐작하게 해주고 있다. 빛으로 시작한 창세기는 관(棺)으로 끝난다.

요셉이 백십 세에 죽으매 그들이 그의 몸에 향 재료를 넣고 애굽에서 입관하였더라(창 50:26).

출애굽기

모세가 하나님께 아뢰되 내가 이스라엘 자손에게 가서 이르기를 너희의 조상의 하나님이 나를 너희에게 보내셨다 하면 그들이 내게 묻기를 그의 이름이 무엇이냐 하리니 내가 무엇이라고 그들에게 말하리이까 하나님이 모세에게 이르시되 나는 스스로 있는 자이니라 또 이르시되 너는 이스라엘 자손에게 이같이 이르기를 스스로 있는 자가 나를 너희에게 보내셨다 하라 하나님이 또 모세에게 이르시되 너는 이스라엘 자손에게 이같이 이르기를 너희 조상의 하나님 야훼 곧 아브라함의 하나님, 이삭의 하나님, 야곱의 하나님께서 나를 너희에게 보내셨다 하라 이는 나의 영원한 이름이요 대대로 기억할 나의 칭호니라 너는 가서 이스라엘의 장로들을 모으고 그들에게 이르기를 야훼 너희 조상의 하나님 곧 아브라함과 이삭과 야곱의 하나님이 내게 나타나 이르시되 내가 너희를 돌보아 너희가 애굽에서 당한 일을 확실히 보았노라 내가 말하였거니와 내가 너희를 애굽의 고난 중에서 인도하여 내어 젖과 꿀이 흐르는 땅 곧 가나안 족속, 헷 족속, 아모리 족속, 브리스 족속, 히위 족속, 여부스 족속의 땅으로 올라가게 하리라 하셨다 하면(출 3:13-17).

Ⅰ. 들어가는 말

요즈음 성지순례를 다녀오는 사람이 늘고 있어서 먼 중동과 애굽의 이야기가 별로 낯설게 느껴지지 않는다. 번성했던 고대 애굽의 상징인 거대한 피라미드와 스핑크스를 보면 인간의 뭉쳐진 힘이 얼마나 엄청난 업적을 만들어 내는지 새삼 감탄을 금치 못하게 한다. 그러나 한편 이 거대한 석조물을 건축하는데 들어갔을 수많은 사람들의 피와 땀과 눈물을 생각하면 마음이 숙연해지는 바가 있다.

Ⅱ. 출애굽기는 자손에 대한 약속의 성취를 말해준다

1. 아브라함에게 약속하신 말씀대로 야곱의 자손 70여명이 애굽에서 수백만의 민족으로 성장하였다.

이스라엘 자손은 생육하고 불어나 번성하고 매우 강하여 온 땅에 가득하게 되었더라(출 1:7).

2. 4백년이 지나면서 이스라엘 민족에게는 큰 고통의 멍에가 씌워져 있어서 비돔과 라암셋을 건축하는 강제 노역에 시달리고 있었다.

감독들을 그들 위에 세우고 그들에게 무거운 짐을 지워 괴롭게 하여 그들에게 바로를 위하여 국고성 비돔과 라암셋을 건축하게 하니라(출 1:11).

Ⅲ. 출애굽기는 구원과 해방을 선포한다

1. 유아살해까지 하는 애굽의 박해는 이제 마지막에 이른 것이다.

애굽 왕이 히브리 산파 십브라라 하는 사람과 부아라 하는 사람에게 말하여 이르되 너희는 히브리 여인을 위하여 해산을 도울 때에 그 자리를 살펴서 아들이거든 그를 죽이고 딸이거든 살려두라(출 1:15-16).

2. 절대절망에 빠진 이스라엘 민족에게 하나님께서는 참 자유와 참 생명을 베풀어주신다.

Ⅳ. 출애굽의 힘은 야훼 이름의 계시에서 나온다

1. 하나님을 만나지 않으면 힘과 생명이 없다.

구원을 위해 하나님께서는 그 거룩하신 이름을 모세를 통해 계시해주셨다.

모세가 하나님께 아뢰되 내가 이스라엘 자손에게 가서 이르기를 너희의 조상의 하나님이 나를 너희에게 보내셨다 하면 그들이 내게 묻기를 그의 이름이 무엇이냐 하리니 내가 무엇이라고 그들에게 말하리이까 하나님이 모세에게 이르시되 나는 스스로 있는 자이니라 또 이르시되 너는 이스라엘 자손에게 이같이 이르기를 스스로 있는 자(אֶהְיֶה אֲשֶׁר אֶהְיֶה)가 나를 너희에게 보내셨다 하라(출 3:13-14).

2. 모세가 위대한 인물이 되고 이스라엘을 애굽에서 이끌어내는 중대한 사명을 감당할 수 있게 된 것도 바로 '야훼'라는 하나님의 이름을 계시받은 데 있다.

3. 오늘날 죄와 죽음의 노예로 사는 인생들이 하나님의 아들 '예수' 라는 이름을 계시 받으면 새로운 위대한 인생을 살 수 있게 된다.

Ⅴ. 내 백성을 놓아라

1. 열재앙

이스라엘을 붙잡고 있던 애굽의 열 손가락이 하나씩 떼어지는 열재앙이 내려지고, 애굽의 우상들은 심판을 받게 되었다.

내가 아노니 강한 손으로 치기 전에는 애굽 왕이 너희가 가도록 허락하지 아니하다가 내가 내 손을 들어 애굽 중에 여러 가지 이적으로 그 나라를 친 후에야 그가 너희를 보내리라(출 3:19-20).

2. 홍해를 건넘

하나님의 백성들이 나아가는 길은 바다도 애굽의 군대도 막지 못한다. 이스라엘은 홍해 바다를 기적으로 건너 광야로 나아가게 된다.

모세가 바다 위로 손을 내밀매 야훼께서 큰 동풍이 밤새도록 바닷물을 물러가게 하시니 물이 갈라져 바다가 마른 땅이 된지라 이스라엘 자손이 바다 가운데를 육지로 걸어가고 물은 그들의 좌우에 벽이 되니(출 14:21-22).

Ⅵ. 시내 산 언약

1. 광야의 시내 산에서 하나님께서는 약속의 땅 가나안으로 이스라엘 백성들을 인도하시기 전에 그들로 하여금 하나님만 믿고 살도

록 언약을 맺으신다.

2. 제사장 나라와 거룩한 백성

하나님께서 이스라엘 백성을 애굽의 종살이에서 구원해 주신 까닭은 하나님의 언약을 지키고 살게 하기 위한 것이다.

세계가 다 내게 속하였나니 너희가 내 말을 잘 듣고 내 언약을 지키면 너희는 모든 민족 중에서 내 소유가 되겠고, 너희가 내게 대하여 제사장 나라가 되며 거룩한 백성이 되리라 너는 이 말을 이스라엘 자손에게 전할지니라(출 19:5-6).

3. 율법과 성막

1) 시내 산 언약 이전에도 규정이 있었으나 모세를 통해 십계명과 각종 율법의 말씀들이 주어짐으로써 완벽하게 되었다. 그것은 마치 하나님의 은혜로 예수님을 믿고 값없이 의롭다 함을 받은 그리스도인들이 하나님의 말씀을 지키며 살아야 하는 것과 같은 것이다.

2) 하나님께서는 이스라엘 백성에게 성막을 주셨다. 성막은 하나님이 그 백성들을 만나시고, 또 율법을 준수하는데 실패한 인생들의 죄와 허물을 용서해주시는 장소요, 사랑과 긍휼을 체험하는 은혜의 장소이다. 성막의 뜰에서 죄를 씻고, 성소에 들어가 예배드리며, 지성소에서 지존하신 하나님을 뵙게 되는 것이다.

내가 그들 중에 거할 성소를 그들이 나를 위하여 짓되, 무릇 내가 네게 보이는 모양대로 장막을 짓고 기구들도 그 모양을 따라 지을지니라(출 25:8-9).

Ⅶ. 나가는 말

출애굽기는 창세기에서 깨어진 하나님과의 관계를 이스라엘을 모델로 회복해감으로써 인류가 종의 멍에에서 자유와 해방을, 좌절과 죽음에서 새 희망과 새 생명을 얻게 되는 것을 말하고 있다. 출애굽기는 재창조하시는 하나님의 역사를 기술하고 있다. 그러나 아직은 완성이 아니라 젖과 꿀이 흐르는 땅으로 나아가는 과정 중에 있다. 그래서 다음으로 출애굽기에서 하나님을 처음 만나 구원을 체험한 이후, 계속되는 하나님과의 동행을 위해 레위기의 예배드리는 삶이 요구되는 것이다.

레위기

야훼께서 모세에게 말씀하여 이르시되 너는 이스라엘 자손의 온 회중에게 말하여 이르라 너희는 거룩하라 이는 나 야훼 너희 하나님이 거룩함이니라 너희 각 사람은 부모를 경외하고 나의 안식일을 지키라 나는 너희의 하나님 야훼이니라 너희는 헛된 것들에게로 향하지 말며 너희를 위하여 신상들을 부어 만들지 말라 나는 너희의 하나님 야훼이니라(레 19:1-4).

Ⅰ. 들어가는 말

창세기에서 우주와 인류의 기원 및 인간 비극에 관한 궁금증을 해소하고, 출애굽기에 나타난 해방과 구원의 감동을 넘어선 후 맞게 되는 레위기는 어지간한 인내력이 없이는 통독하기 어려운 책이다. 그러나 이런 점은 신앙이 성숙하는 하나의 단계를 보여주는 면에서 깊은 의미가 있다. 즉 구원은 값없이 은혜로 주어지지만 하나님과 동행하는 삶에는 자기를 부인하고 자기 십자가를 지는 인내와 노력이 필요하다는 것이겠다.

Ⅱ. 레위기는 오경의 중앙에 위치한다

1. 출애굽기의 성막과 연결된다.

다른 오경의 책과 마찬가지로 레위기는 문맥상 선행하는 출애굽기와 연결되어 있으며 시내 산에서의 성막 건립 이후의 사건을 다루고 있다. 이러므로 출애굽기의 목적이 레위기의 주제와 깊은 연관이 되고 있다는 것은 당연한 일이다.

1) 성막의 제사제도를 말한다.

이스라엘 자손에게 말하여 이르라 너희 중에 누구든지 야훼께 예물을 드리려거든 가축 중에서 소나 양으로 예물을 드릴지니라(레 1:2).

2) 제사장의 위임을 말한다.

또 다른 숫양 곧 위임식의 숫양을 드릴새 아론과 그의 아들들이 그 숫양의 머리에 안수하매, 모세가 잡고 그 피를 가져다가 아론의 오른쪽 귓부리와 그의 오른쪽 엄지 손가락과 그의 오른쪽 엄지 발가락에 바르고(레 8:22-23).

2. 민수기에 연결된다.

1) 광야 같은 세상에서 거룩한 백성으로 살아가도록 속죄하고, 성결케 한다.

야훼께서 모세에게 말씀하여 이르시되, 너는 이스라엘 자손의 온 회중에게 말하여 이르라 너희는 거룩하라 이는 나 야훼 너희 하나님이 거룩함이니라(레 19:1-2).

2) 광야의 험한 지역을 하나님을 섬기며 하나님과 함께 살아가게 한다.

야훼께서 모세에게 이르시되 너는 바로에게 가서 그에게 이르기를 야훼의 말씀에 내 백성을 보내라 그들이 나를 심길 것이니라(출 8:1).

Ⅲ. 레위기 전반부(1-16장)의 제사 규정

1. 제사장 나라의 규범

레위기 1-16장은 하나님께 나아갈 수 있는 길을 열어놓는 제사장 나라로서의 규범을 기록하고 있다. 인간의 죄를 대속하는 짐승의 피제사를 통하여 거룩하신 하나님과 끊임없이 교제할 수 있는 길을 열어 놓으신 것이다.

2. 예배의 책

하나님께서는 이스라엘 백성들을 그의 소유된 백성으로 삼으시려고 애굽에서 이끌어 내셨고, 광야에서 성막을 세우게 하심으로 야훼 하나님을 섬기게 하셨다. 따라서 레위기는 하나님을 올바르게 섬기는 법도를 가르치는 "예배의 책"으로서의 위치를 차지하고 있다.

3. 각종 제사

1) 번제: 점도 흠도 없이 온전히 자신을 드림으로써 원죄를 속죄하신 그리스도의 모형이다. 우리 그리스도인의 온전한 헌신을 요구하는 표상이다.

> 그 예물이 소의 번제이면 흠 없는 수컷으로 회막 문에서 야훼 앞에 기쁘게 받으시도록 드릴지니라 그는 번제물의 머리에 안수할지니 그를 위하여 기쁘게 받으심이 되어 그를 위하여 속죄가 될 것이라(레 1:3-4).

2) 속죄제: 무의식적이거나 연약함으로 범한 죄를 속죄하는 제사이다.

> 만일 평민의 한 사람이 야훼의 계명 중 하나라도 부지중에 범하여 허물이 있

었는데, 그가 범한 죄를 누가 그에게 깨우쳐 주면 그는 흠 없는 암염소를 끌고 와서 그 범한 죄로 말미암아 그것을 예물로 삼아 그 속죄제물의 머리에 안수하고 그 제물을 번제물을 잡는 곳에서 잡을 것이요(레 4:27-29).

3) 속건제: 배상이 가능한 죄나 고의적인 죄를 범했을 때 드리는 제사이다.

누구든지 야훼의 성물에 대하여 부지중에 범죄하였으면 야훼께 속건제를 드리되 네가 지정한 가치를 따라 성소의 세겔로 몇 세겔 은에 상당한 흠 없는 숫양을 양 떼 중에서 끌어다가 속건제로 드려서(레 5:15).

4) 화목제: 죄 용서함을 받은 자가 하나님과의 교제와 화목을 위해 드리는 제사이다(감사제, 서원제, 낙헌제 등).

5) 소제: 곡물제사로 하나님을 향한 선한 뜻을 이루기 위한 제사이다(극빈자의 속죄제를 포함).

Ⅳ. 레위기 후반부(17-27장)의 윤리 규정

1. 생활 속의 성결

레위기 17-27장은 보다 적극적인 의미에서 하나님과 동행하는 삶에 대하여 기록하고 있다. 죄사함을 받은 백성들은 성결을 유지할 수 있도록 하나님과 사람 사이에 올바른 삶을 살아가야 한다.

2. 거룩함의 유지

하나님의 백성이 거룩함을 계속 유지하기 위해서는 하나님과 교제를 나누는 시간을 드려야 한다.

1) 7대 절기(유월절, 무교절, 초실절, 오순절, 나팔절, 속죄일, 장막

절)

절기는 세상의 시간(χρόνος)의 흐름을 끊고, 하나님의 시간(καιρός)으로 들어가는 은혜의 길이다.

이것이 너희가 그 정한 때에 성회로 공포할 야훼의 절기들이니라. 첫째 달 열나흗날 저녁은 야훼의 유월절이요(레 23:4-5).

2) 대속죄일: 레위기 제16장의 대속죄일에 대제사장이 일년에 한번 지성소에 들어가 모든 사람과 각종 예배 기구를 위하여 속죄하는 것은 자기의 피로 영원한 속죄를 이루사 단번에 성소에 들어가신 예수 그리스도를 표상하고 있는 것이다.

너희는 영원히 이 규례를 지킬지니라 일곱째 달 곧 그 달 십일에 너희는 스스로 괴롭게 하고 아무 일도 하지 말되 본토인이든지 너희 중에 거류하는 거류민이든지 그리하라 이 날에 너희를 위하여 속죄하여 너희를 정결하게 하리니 너희의 모든 죄에서 너희가 야훼 앞에 정결하리라(레 16:29-30).

염소와 송아지의 피로 하지 아니하고 오직 자기의 피로 영원한 속죄를 이루사 단번에 성소에 들어가셨느니라(히 9:12).

Ⅴ. 레위기에서 강조하는 삶의 모습

1. 거룩한 삶

레위기의 핵심적인 용어는 "거룩"이다. 하나님께서 거룩하시니 너희 백성도 거룩하라는 말씀이다.

2. 십자가의 삶

이스라엘 백성들은 제사를 통한 거룩함을 획득한다. 짐승을 제물로 드리는 것은 제물의 죽음을 통해 하나님께 죄사함을 받고 가까이 갈 수 있듯이, 십자가를 통해 하나님께 나아가는 것을 표상한다.

3. 사랑을 실천하는 삶

레위기에는 네 이웃을 압제하지 말며, 네 형제를 마음으로 미워하지 말며, 가난한 사람과 타국인을 위하여 땅의 곡물의 일부를 베지 말고 남겨두라고 말씀하고 있다(19장). 다시 말해서 거룩한 삶은 이웃 사랑으로 완성된다는 것이다.

> 너희가 너희의 땅에서 곡식을 거둘 때에 너는 밭 모퉁이까지 다 거두지 말고 네 떨어진 이삭도 줍지 말며, 네 포도원의 열매를 다 따지 말며 네 포도원에 떨어진 열매도 줍지 말고 가난한 사람과 거류민을 위하여 버려두라 나는 너희의 하나님 야훼이니라(레 19:9-10).

4. 성숙한 신앙인의 삶

제사법과 윤리법을 함께 성취하는 이스라엘 백성들의 삶의 모습은 오늘날 하나님 사랑과 이웃 사랑을 겸비한 성숙한 그리스도인을 표상한다.

민수기

온 회중이 소리를 높여 부르짖으며 백성이 밤새도록 통곡하였더라 이스라엘 자손이 다 모세와 아론을 원망하며 온 회중이 그들에게 이르되 우리가 애굽 땅에서 죽었거나 이 광야에서 죽었으면 좋았을 것을 어찌하여 야훼가 우리를 그 땅으로 인도하여 칼에 쓰러지게 하려 하는가 우리 처자가 사로잡히리니 애굽으로 돌아가는 것이 낫지 아니하랴 이에 서로 말하되 우리가 한 지휘관을 세우고 애굽으로 돌아가자 하매 모세와 아론이 이스라엘 자손의 온 회중 앞에서 엎드린지라 그 땅을 정탐한 자 중 눈의 아들 여호수아와 여분네의 아들 갈렙이 자기들의 옷을 찢고 이스라엘 자손의 온 회중에게 말하여 이르되 우리가 두루 다니며 정탐한 땅은 심히 아름다운 땅이라 야훼께서 우리를 기뻐하시면 우리를 그 땅으로 인도하여 들이시고 그 땅을 우리에게 주시리라 이는 과연 젖과 꿀이 흐르는 땅이니라 다만 야훼를 거역하지는 말라 또 그 땅 백성을 두려워하지 말라 그들은 우리의 먹이라 그들의 보호자는 그들에게서 떠났고 야훼는 우리와 함께 하시느니라 그들을 두려워하지 말라 하나 온 회중이 그들을 돌로 치려 하는데 그 때에 야훼의 영광이 회막에서 이스라엘 모든 자손에게 나타나시니라(민 14:1-10).

Ⅰ. 들어가는 말

민수기에는 1장과 26장에서 두 차례에 걸친 인구조사를 기록하고 있어서 헬라역 성경에서 민수기라고 번역하였다. 그러나 실제 더 많은 이야기가 광야에서 전개되기 때문에 광야기(曠野記)라고 부르는 것이 더 적당할 것이다.

Ⅱ. 민수기의 중심되는 세 장소

1. 시내 광야(민 1-10장)

여기에서는 출애굽의 희망과 율법의 순종이 기대되었다.

둘째 해 둘째 달 스무날에 구름이 증거의 성막에서 떠오르매 이스라엘 자손이 시내 광야에서 출발하여 자기 길을 가더니 바란 광야에 구름이 머무니라(민 10:11-12).

2. 광야(민 11-21장)

출애굽 1세대가 죽기까지 방랑하다가 모압 평지에 도달하기까지이다.

3. 모압 평지(민 22-36장)

이곳에서의 중요한 사건은 거짓 선지자 발람이 뇌물을 받고 이스라엘을 저주하려 한 것이다. 그러나 하나님의 영이 허락하지 아니하자, 발람은 이스라엘 백성들을 우상 신전으로 불러들여 모압 여인들과 음행하게 함으로써 이스라엘 백성들을 타락시켰다.

이스라엘 자손이 또 길을 떠나 모압 평지에 진을 쳤으니 요단 건너편 곧 여리고 맞은편이더라(민 22:1).

Ⅲ. 원망과 불평의 장소 광야

1. 열두 정탐꾼을 보내 가나안 땅을 정탐하였다. 이스라엘의 비극은 이때로부터 시작되었다. 열 두 명의 정탐꾼 중 열 명의 정탐꾼이 극히 부정적인 보고를 하자 이스라엘 백성들이 하나님을 불신하고 원망하게 된 것이다.

   야훼께서 모세에게 말씀하여 이르시되 사람을 보내어 내가 이스라엘 자손에게 주는 가나안 땅을 정탐하게 하되 그들의 조상의 가문 각 지파 중에서 지휘관 된 자 한 사람씩 보내라(민 13:1-2).

2. 믿음의 창조적 소수가 있었다. 오직 여호수아와 갈렙은 끝까지 하나님의 약속을 믿었다.

   그 땅을 정탐한 자 중 눈의 아들 여호수아와 여분네의 아들 갈렙이 자기들의 옷을 찢고 이스라엘 자손의 온 회중에게 말하여 이르되 우리가 두루 다니며 정탐한 땅은 심히 아름다운 땅이라 야훼께서 우리를 기뻐하시면 우리를 그 땅으로 인도하여 들이시고 그 땅을 우리에게 주시리라 이는 과연 젖과 꿀이 흐르는 땅이니라(민 14: 6-8).

3. 민수기에서 이스라엘 백성들은 끊임없이 하나님을 원망하고 불평하면서 광야에서 죽어갔다. 모세의 지도권을 불평하면서 반발하였고, 물이 없다고 불평하고, 파종할 곳도, 무화과도, 포도도, 석

류도 없다고 원망하였으며, 심지어는 광야의 가는 길이 험하다고 불평하였다.

오늘날 광야 같은 세상을 살아가는 우리 그리스도인들 가운데 이런 사람이 없는지, 아니 나 자신이 그렇지 않은지 살펴보아야 할 것이다. 죽어가면서까지 원망하고 불평하던 그 백성들을 새삼 상기해 볼 필요가 있다.

야훼께서 또 모세에게 이르시되 아론의 지팡이는 증거궤 앞으로 도로 가져다가 거기 간직하여 반역한 자에 대한 표징이 되게 하여 그들로 내게 대한 원망을 그치고 죽지 않게 할지니라(민 17:10).

4. 불순종한 출애굽 1세대가 모두 광야에서 죽었다.

1) 여성의 대표 미리암의 죽음

첫째 달에 이스라엘 자손 곧 온 회중이 신 광야에 이르러 백성이 가데스에 머물더니 미리암이 거기서 죽으매 거기에 장사되니라(민 20:1).

2) 남성의 대표 아론의 죽음

모세가 아론의 옷을 벗겨 그의 아들 엘르아살에게 입히매 아론이 그 산 꼭대기에서 죽으니라 모세와 엘르아살이 산에서 내려오니, 온 회중 곧 이스라엘 온 족속이 아론이 죽은 것을 보고 그를 위하여 삼십 일 동안 애곡하였더라(민 20:28-29).

Ⅳ. 하나님을 체험하는 장소 광야

1. 하나님의 임재를 상징하는 불 기둥과 구름 기둥이 있었다.

이 땅 거주민에게 전하리이다 주 야훼께서 이 백성 중에 계심을 그들도 들었으니 곧 주 야훼께서 대면하여 보이시며 주의 구름이 그들 위에 섰으며 주께서 낮에는 구름 기둥 가운데에서, 밤에는 불 기둥 가운데에서 그들 앞에 행하시는 것이니이다(민 14:14).

2. 광야에서는 만나와 메추라기, 반석에서 솟는 물, 옷과 여행보호 등 하나님의 은혜가 끊이지 않았다.

네 하나님 야훼께서 이 사십 년 동안에 네게 광야 길을 걷게 하신 것을 기억하라 이는 너를 낮추시며 너를 시험하사 네 마음이 어떠한지 그 명령을 지키는지 지키지 않는지 알려 하심이라 너를 낮추시며 너를 주리게 하시며 또 너도 알지 못하며 네 조상들도 알지 못하던 만나를 네게 먹이신 것은 사람이 떡으로만 사는 것이 아니요 야훼의 입에서 나오는 모든 말씀으로 사는 줄을 네가 알게 하려 하심이니라(신 8:2-3).

3. 광야는 하나님의 오래참으심의 장소이다. 하나님은 이스라엘의 불평을 오래오래 참으셨다(민 11:1,5,33; 12:1-2; 14:4).

V. 광야에 대한 향수(鄕愁)

1. 고난과 기적의 광야

광야는 어둠과 죽음, 온갖 역경과 고난이 가득 찬 곳이다. 그러나 그 속에서도 하나님께서 함께 하시므로 하늘에서 만나가 내리고 반석에서 물이 터져 나오는 기적의 땅이 되었다.

2. 유목민적 이상(理想, Nomadic ideal)

1) 죽음의 땅 광야는 이스라엘 백성들에게 하나님에 대한 새로운 헌신과 결의를 다짐하게 하고 야릇한 향수를 불러일으키는 곳이 되었다.

2) 엘리야가 스트레스로 말미암아 침체하게 되자, 그는 광야로 나아가 호렙산에서 하나님의 음성을 듣고 새 힘을 얻었다.

> 이에 일어나 먹고 마시고 그 음식물의 힘을 의지하여 사십 주 사십 야를 가서 하나님의 산 호렙에 이르니라. 엘리야가 그 곳 굴에 들어가 거기서 머물더니 야훼의 말씀이 그에게 임하여 이르시되 엘리야야 네가 어찌하여 여기 있느냐(왕상 19:8-9).

3) 예언자들은 광야를 절대신앙과 은혜를 체험하는 곳으로 말했다.

> 가서 예루살렘의 귀에 외칠지니라 야훼께서 이와 같이 말씀하시기를 내가 너를 위하여 네 청년 때의 인애와 네 신혼 때의 사랑을 기억하노니 곧 씨 뿌리지 못하는 땅, 그 광야에서 나를 따랐음이니라(렘 2:2).

Ⅵ. 나가는 말

고난의 광야 같은 인생길에서 하나님의 기적적인 은혜를 체험한 사람이면, 삶의 고난과 역경으로 영, 혼, 육이 쇠약해질 때 다시 한 번 모든 것을 내려놓고 그 사랑의 만남의 장소로 나아가게 된다.

청마(青馬) 유치환은 노래한다. "나의 지식이 독한 회의를 구하지 못하고, 내 또한 삶의 애증을 다 짐 지지 못하여, 병든 나무처럼 생명이 부대낄 때, 저 머나먼 아라비아 사막으로 나는 가자."

크리스천은 움켜쥐지만 말고 때로는 내려놓아야 한다.

신명기

내가 오늘 복과 저주를 너희 앞에 두나니 너희가 만일 내가 오늘 너희에게 명하는 너희의 하나님 야훼의 명령을 들으면 복이 될 것이요 너희가 만일 내가 오늘 너희에게 명령하는 도에서 돌이켜 떠나 너희의 하나님 야훼의 명령을 듣지 아니하고 본래 알지 못하던 다른 신들을 따르면 저주를 받으리라 네 하나님 야훼께서 네가 가서 차지할 땅으로 너를 인도하여 들이실 때에 너는 그리심 산에서 축복을 선포하고 에발 산에서 저주를 선포하라 (신 11:26-29).

Ⅰ. 들어가는 말

세상 만물은 변하기 마련이다. 인생도 새롭게 바뀌고 강산도 변하다 못해 종국적으로는 새 하늘과 새 땅이 도래할 것이다. 그러나 천지는 없어져도 하나님의 말씀은 세세 무궁토록 변함이 없다. 변함없는 하나님 말씀도 시대에 따라 해석과 적용이 필요하다. 신명기는 특별히 이러한 배경 속에서 읽혀질 필요가 있다.

Ⅱ. 신명기는 왜 다시 기록되었나?

1. 신명기의 명칭

1) 구약의 헬라번역인 70인역에서 율법의 등사본을 두 번째 율법으로 번역하여 영어성경의 Deuteronomy(신명기)가 되었으나, 실제로는 새로운 것이 아니라 다시 반복한 것이다.

그가 왕위에 오르거든 이 율법서의 등사본을 레위 사람 제사장 앞에서 책에 기록하여(신 17:18).

2) 한글성경의 신명기를 한자 의미로 보면, 신(申)은 '거듭하다, 되풀이하다' 라는 뜻이며, 명(命)은 '명령, 가르침' 을 뜻한다. 이러므로 신명기는 "명령 또는 가르침을 되풀이하여 쓴 책" 으로 올바른 의미를 나타낸다.

2. 신명기의 배경

1) 이스라엘 백성들이 출애굽한지 제40년 11월 초하루가 되던 날, 모세는 모압 땅에서 이미 새로운 세대로 구성된 이스라엘 백성들에게 율법을 설명하기를 시작하였다.

마흔째 해 열한째 달 그 달 첫째 날에 모세가 이스라엘 자손에게 야훼께서 그들을 위하여 자기에게 주신 명령을 다 알렸으니(신 1:3).

2) 출애굽기의 말씀과 다른 부분도 있다. 그것은 물이 비가 되고, 얼음이 되듯이 시대에 적용하는 말씀의 시대적 차이로 이해된다. 그러한 말씀의 차이는 진위(眞僞)의 차이가 아니라, 살아 있는 하나님의 말씀의 역동성(力動性)으로 이해해야 한다.

이는 엿새 동안에 나 야훼가 하늘과 땅과 바다와 그 가운데 모든 것을 만들고 일곱째 날에 쉬었음이라 그러므로 나 야훼가 안식일을 복되게 하여 그 날을 거룩하게 하였느니라(출 20:11).

너는 기억하라 네가 애굽 땅에서 종이 되었더니 네 하나님 야훼가 강한 손과 편 팔로 거기서 너를 인도하여 내었나니 그러므로 네 하나님 야훼가 네게 명령하여 안식일을 지키라 하느니라(신 5:15).

Ⅲ. 모세의 세 편의 설교인 신명기

1. 하나님의 위대한 종 모세의 설교를 듣고 싶은 사람은 신명기를 소리 내어 읽어보면 3,300년 전에 외친 모세의 간절하고 격동적인 음성을 느낄 수 있을 것이다.

2. 첫 번째 과거에 대한 설교(신 1-4장)

옛일을 회고하면서 패역 했던 이전 세대와는 다르게 하나님께 순종하기를 간곡히 권고하는 모세의 훈계가 기록되어 있다.

3. 두 번째 현재에 대한 설교(신 5-26장)

이스라엘이 언약 백성으로서 지켜야 할 규정들을 가르쳐준다. 하나님께서 요구하시는 것은 야훼 하나님을 사랑하고 그 율법을 지키는 것이다.

4. 세 번째 미래에 대한 설교(신 27-34장)

1) 27장과 28장의 축복과 저주는 앞의 설교의 결론이 될 수 있다.

2) 의식법과 민법과 기타 사회법에 대하여 말하면서 이스라엘 백성들로 하여금 미래적 결단을 촉구하고 있다.

3) 31-34장은 부록이다.

Ⅳ. 신명기의 중심 주제

1. 쉐마(Shema)

1) 쉐마는 들으라는 뜻이다.

이스라엘아 들으라 우리 하나님 야훼는 오직 유일한 야훼이시니 너는 마음을 다하고 뜻을 다하고 힘을 다하여 네 하나님 야훼를 사랑하라 오늘 내가 네게 명하는 이 말씀을 너는 마음에 새기고 네 자녀에게 부지런히 가르치며 집에 앉았을 때에든지 길을 갈 때에든지 누워 있을 때에든지 일어날 때에든지 이 말씀을 강론할 것이며 너는 또 그것을 네 손목에 매어 기호를 삼으며 네 미간에 붙여 표로 삼고 또 네 집 문설주와 바깥 문에 기록할지니라(신 6:4-9).

2) 쉐마는 이스라엘 민족의 신앙과 교육의 대강령이 되어, 오늘날까지 유대인의 종교의식의 한 부분을 이루고 있다.

2. 복과 저주

1) 순종하면 복을 받는다.

하나님께서 이스라엘 백성들을 광야에서 낮추시며 시험하신 것도 그 명령을 지키는지 아니 지키는지 알려 하심이었다. 그러나 하나님의 계명을 지키는 것은 하나님을 위한 것이 아니라 이스라엘 백성 자신들을 위한 것이었다. 그들은 자신의 행복을 위하여 야훼의 명령과 규례를 지켜야 하는 것이었다.

너희가 이 모든 법도를 듣고 지켜 행하면 네 하나님 야훼께서 네 조상들에게 맹세하신 언약을 지켜 네게 인애를 베푸실 것이라 곧 너를 사랑하시고 복을 주사 너를 번성하게 하시되 네게 주리라고 네 조상들에게 맹세하신 땅에서 네 소생에게 은혜를 베푸시며 네 토지 소산과 곡식과 포도주와 기름을 풍성하게 하시고 네 소와 양을 번식하게 하시리니(신 7:12-13).

2) 불순종하면 저주를 받는다.

신명기 28장에는 불순종하는 자에게 임할 저주가 무려 15절부터 68절까지 기록되어 있다. 이토록 많은 저주의 말씀이 기록된 것은 하나님께 불순종하는 우매한 인생들에게 깨달음을 주시기 위함이다. 실로 존귀에 처하나 깨닫지 못하는 사람은 멸망하는 짐승과 같은 것이다(시 49:20).

너는 광야에서 네 하나님 야훼를 격노하게 하던 일을 잊지 말고 기억하라 네가 애굽 땅에서 나오던 날부터 이 곳에 이르기까지 늘 야훼를 거역하였으되 호렙 산에서 너희가 야훼를 격노하게 하였으므로 야훼께서 진노하사 너희를 멸하려 하셨느니라(신 9:7-8).

3) 순종과 복을 선택하라.

이제 복과 저주, 생명과 죽음을 말해주었으니 순종함으로 복과 생명을 택하든지, 불순종함으로 저주와 죽음을 택하든지 결정해야 한다. 어떤 인생이 하나님 앞에서 저주와 죽음을 택하겠는가? 그러나 많은 사람들이 복과 생명을 원하면서도 하나님의 말씀에 불순종하므로 저주와 죽음을 택하고 있다.

내가 오늘 복과 저주를 너희 앞에 두나니 너희가 만일 내가 오늘 너희에게 명하는 너희의 하나님 야훼의 명령을 들으면 복이 될 것이요 너희가 만일 내가 오늘 너희에게 명령하는 도에서 돌이켜 떠나 너희의 하나님 야훼의 명령을 듣지 아니하고 본래 알지 못하던 다른 신들을 따르면 저주를 받으리라 (신 11:26-28).

3. 신명기의 하나의 사상

1) 하나님은 한 분이시다.

이스라엘아 들으라 우리 하나님 야훼는 오직 유일한 야훼이시니(신 6:4).

2) 성전도 하나이다.

오직 너희의 하나님 야훼께서 자기의 이름을 두시려고 너희 모든 지파 중에서 택하신 곳인 그 계실 곳으로 찾아 나아가서(신 12:5).

3) 하나님의 백성도 하나이다. 야훼의 택하신 사랑받는 백성들이므로 서로 평등하며, 고아와 과부와 약자를 보호해야 한다(신 24:6,10-15,17-22).

곤궁하고 빈한한 품꾼은 너희 형제든지 네 땅 성문 안에 우거하는 객이든지 그를 학대하지 말며 그 품삯을 당일에 주고 해 진 후까지 미루지 말라 이는 그가 가난하므로 그 품삯을 간절히 바람이라 그가 너를 야훼께 호소하지 않게 하라 그렇지 않으면 그것이 네게 죄가 될 것임이라(신 24:14-15).

V. 나가는 말

구약의 두 역사서 묶음에서 신명기는 포로기 전기의 역사관을 선명하게 보여준다. 신명기 다음에 배열된 역사서를 통해서 하나님이 주신 명령과 율법에 순종하는가, 불순종하는가에 따라 개인과 민족의 장래가 결정된 사실을 확인할 수 있다. 그러므로 신명기적 순종과 축복사상이 역사서를 이끌어 가는 중심 사상이라고 볼 수 있는 것이다.

Part 2.

역사서

여호수아

사사기

룻기

사무엘상 · 하

열왕기상 · 하

역대상 · 하

에스라

느헤미야

에스더

여호수아

그러므로 이제는 야훼를 경외하며 온전함과 진실함으로 그를 섬기라 너희의 조상들이 강 저쪽과 애굽에서 섬기던 신들을 치워 버리고 야훼만 섬기라 만일 야훼를 섬기는 것이 너희에게 좋지 않게 보이거든 너희 조상들이 강 저쪽에서 섬기던 신들이든지 또는 너희가 거주하는 땅에 있는 아모리 족속의 신들이든지 너희가 섬길 자를 오늘 택하라 오직 나와 내 집은 야훼를 섬기겠노라 하니 백성이 대답하여 이르되 우리가 결단코 야훼를 버리고 다른 신들을 섬기기를 하지 아니하오리니 이는 우리 하나님 야훼께서 친히 우리와 우리 조상들을 인도하여 애굽 땅 종 되었던 집에서 올라오게 하시고 우리 목전에서 그 큰 이적들을 행하시고 우리가 행한 모든 길과 우리가 지나온 모든 백성들 중에서 우리를 보호하셨음이며 야훼께서 또 모든 백성들과 이 땅에 거주하던 아모리 족속을 우리 앞에서 쫓아내셨음이라 그러므로 우리도 야훼를 섬기리니 그는 우리 하나님이심이니이다 하니라(수 24:14-18).

Ⅰ. 들어가는 말

세계적인 기적과 신유의 종이 말하기를 하나님의 기적적인 역사를 나타내는데 가장 필요했던 것은 하나님의 레마(Rhema)를 그대로 믿고 선포하는 '용기' 였다고 고백하였다. 여호수아기는 용기 있는 사람들에 의한 하나님의 기적을 기록하고 있는 용기와 기적의 책이다.

Ⅱ. 도입부(수 1장)

1. 가나안 땅은 이스라엘 백성에게 약속된 것이다.

아브람이 그 땅을 지나 세겜 땅 모레 상수리나무에 이르니 그 때에 가나안 사람이 그 땅에 거주하였더라. 야훼께서 아브람에게 나타나 이르시되 내가 이 땅을 네 자손에게 주리라 하신지라 자기에게 나타나신 야훼께 그가 그 곳에서 제단을 쌓고(창 12:6-7).

2. 그 땅을 차지하는 것도 하나님께서 하시는 일이다.

일을 행하시는 야훼, 그것을 만들며 성취하시는 야훼, 그의 이름을 야훼라 하는 이가 이와 같이 이르시도다(렘 33:2).

3. 이를 믿고 순종하여 용기 있게 점령하는 일은 여호수아를 비롯한 이스라엘 백성들에게 달려 있다는 것이다. 지도자 여호수아에게 누누이 강조되는 것은 "오직 마음을 강하게 하고 극히 담대히 하라"는 말씀이다.

Ⅲ. 가나안에 들어감(수 2-5장)

1. 정탐꾼과 기생 라합의 용기

1) 이방 여인인 기생 라합은 일찍이 하나님께서 가나안 땅을 이스라엘 백성들에게 주시기로 약속하였다는 하나님의 말씀을 들었다(수 2:9).

2) 라합은 믿음으로 두 명의 정탐꾼을 살려주는 용기 있는 행동을 함으로써 자신과 온 가족이 구원받는 축복을 받게 되었다.

믿음으로 기생 라합은 정탐꾼을 평안히 영접하였으므로 순종하지 아니한 자와 함께 멸망하지 아니하였도다(히 11:31).

2. 믿음으로 요단을 건넘

1) 제사장들이 언약궤를 메고 흐르는 요단강으로 들어감

요단이 곡식 거두는 시기에는 항상 언덕에 넘치더라 궤를 멘 자들이 요단에 이르며 궤를 멘 제사장들의 발이 물 가에 잠기자(수 3:15).

2) 물이 20km 북쪽의 상류에서 끊어져 쌓임

곧 위에서부터 흘러내리던 물이 그쳐서 사르단에 가까운 매우 멀리 있는 아담 성읍 변두리에 일어나 한 곳에 쌓이고 아라바의 바다 염해로 향하여 흘러가는 물은 온전히 끊어지매 백성이 여리고 앞으로 바로 건널새(수 3:16).

Ⅳ. 가나안 정복(수 6-12장)

1. 여리고 정복

1) 여리고성을 돈 이스라엘 백성

너희 모든 군사는 그 성을 둘러 성 주위를 매일 한 번씩 돌되 엿새 동안을 그리 하라. 제사장 일곱은 일곱 양각 나팔을 잡고 언약궤 앞에서 나아갈 것이요 일곱째 날에는 그 성을 일곱 번 돌며 그 제사장들은 나팔을 불 것이며(수 6:3-5).

2) 헤렘(殄滅)의 법

너희는 온전히 바치고 그 바친 것 중에서 어떤 것이든지 취하여 너희가 이스라엘 진영으로 바치는 것이 되게 하여 고통을 당하게 되지 아니하도록 오직 너희는 그 바친 물건에 손대지 말라(수 6:18).

2. 아이성의 공격 실패

1) 아간의 범죄: 철옹성(鐵甕城)인 여리고성은 순종으로 점령했어도 미약한 아이성은 불순종으로 인하여 빼앗지 못하게 된다.

2) 아골 골짜기의 심판

여호수아가 이스라엘 모든 사람과 더불어 세라의 아들 아간을 잡고 그 은과 그 외투와 그 금덩이와 그의 아들들과 그의 딸들과 그의 소들과 그의 나귀들과 그의 양들과 그의 장막과 그에게 속한 모든 것을 이끌고 아골 골짜기로 가서(수 7:24).

3) 불순종을 제거하고 아이성을 정복함

3. 해와 달이 멈춤

1) 남부 전쟁의 기적

태양이 머물고 달이 멈추기를 백성이 그 대적에게 원수를 갚기까지 하였느니라 야살의 책에 태양이 중천에 머물러서 거의 종일토록 속히 내려가지 아니하였다고 기록되지 아니하였느냐 야훼께서 사람의 목소리를 들으신 이같은 날은 전에도 없었고 후에도 없었나니 이는 야훼께서 이스라엘을 위하여 싸우셨음이니라(수 10:13-14).

2) 북부 전쟁의 승리

하솔은 본래 그 모든 나라의 머리였더니 그 때에 여호수아가 돌아와서 하솔을 취하고 그 왕을 칼날로 쳐죽이고(수 11:10).

V. 영토 분배(수 13-22장)

13장에서 22장까지는 점령한 땅을 분할하는 내용이 기록되었는데, 요단강 동편 땅은 르우벤과 갓과 므낫세 반(半)지파에게, 요단강 서편 땅은 나머지 9지파와 반(半)지파에게 분배되었다.

1. 요단 서쪽 지파

너는 이 땅을 아홉 지파와 므낫세 반 지파에게 나누어 기업이 되게 하라 하셨더라(수 13:7).

2. 요단 동쪽 지파

므낫세 반 지파와 함께 르우벤 족속과 갓 족속은 요단 저편 동쪽에서 그들의 기업을 모세에게 받았는데 야훼의 종 모세가 그들에게 준 것은 이러하니(수 13:8).

3. 분배 방식

제비뽑기로 분배함으로써 각 지파의 기업이 하나님의 뜻에 의해 결정되었음을 보여주고 있다. 여기에서도 이스라엘 백성은 땅의 좋고 나쁨을 떠나 하나님의 뜻에 순종하는 결단과 용기가 요구

되었다.

Ⅵ. 여호수아의 고별사(告別辭)(수 23-24장)

1. 여호수아의 권면과 선언

만일 야훼를 섬기는 것이 너희에게 좋지 않게 보이거든 너희 조상들이 강 저쪽에서 섬기던 신들이든지 또는 너희가 거주하는 땅에 있는 아모리 족속의 신들이든지 너희가 섬길 자를 오늘 택하라 오직 나와 내 집은 야훼를 섬기겠노라 하니(수 24:15).

2. 세겜 언약 갱신

그 날에 여호수아가 세겜에서 백성과 더불어 언약을 맺고 그들을 위하여 율례와 법도를 제정하였더라(수 24:25).

Ⅶ. 나가는 말

구약 역사서의 서막인 여호수아는 순종에 의한 하나님의 축복수여, 즉 용기 있는 행동에 의한 하나님의 기적의 역사를 기록하고 있다. 오늘날도 아무리 세상이 혼탁할지라도 하나님 말씀대로 살려는 그리스도인의 용기 있는 행동에는 가나안이 정복되는 기적의 역사가 항상 뒤따르게 될 것이다.

사사기

이스라엘 자손이 야훼의 목전에 악을 행하여 자기들의 하나님 야훼를 잊어버리고 바알들과 아세라들을 섬긴지라 야훼께서 이스라엘에게 진노하사 그들을 메소보다미아 왕 구산 리사다임의 손에 파셨으므로 이스라엘 자손이 구산 리사다임을 팔 년 동안 섬겼더니 이스라엘 자손이 야훼께 부르짖으매 야훼께서 이스라엘 자손을 위하여 한 구원자를 세워 그들을 구원하게 하시니 그는 곧 갈렙의 아우 그나스의 아들 옷니엘이라 야훼의 영이 그에게 임하셨으므로 그가 이스라엘의 사사가 되어 나가서 싸울 때에 야훼께서 메소보다미아 왕 구산 리사다임을 그의 손에 넘겨 주시매 옷니엘의 손이 구산 리사다임을 이기니라 그 땅이 평온한 지 사십 년에 그나스의 아들 옷니엘이 죽었더라(삿 3:7-11).

Ⅰ. 들어가는 말

어느 날 베드로가 예수님께 나아와 범죄한 형제를 몇 번까지 용시하여 주리이까 하고 물었을 때, 주께서는 일흔 번씩 일곱 번이라도 하라고 말씀하셨다. 이러한 동일한 죄의 반복과 거듭되는 회개와 용서가 사사기에 나타나 있다. 사사기는 거듭된 실패에도 불구하고 성장의 길로 인도하시는 하나님의 섭리가 담겨 있다.

사사(士師)란 통치자, 재판관의 뜻으로 평화시에는 이스라엘을 통치하고, 전쟁시에는 군사 지도자로 활약한 사람들을 가리킨다. 사사기에 기록된 정식 사사는 12명이며, 그들은 여호수아의 사후부터 사무엘의 통치 사이에 이스라엘을 다스렸다.

사사시대 초기에는 사사가 모든 이스라엘에 영향을 미쳤으나 후대로 갈수록 자신이 소속된 지파만을 대표하는 경향을 띄게 되었으며, 그런 까닭에 사사들의 통치기간은 서로 중복되는 기간이 있다.

Ⅱ. 가나안의 정착(삿 1:1-2:5)

1. 정복의 진행과정

1) 사사기에서는 가나안 정복이 점진적, 부분적, 지파적인 것을 나타내 준다.

여호수아가 죽은 후에 이스라엘 자손이 야훼께 여쭈어 이르되 우리 가운데 누가 먼저 올라가서 가나안 족속과 싸우리이까(삿 1:1).

2) 여호수아기의 전쟁 종식의 선언

이와 같이 여호수아가 야훼께서 모세에게 말씀하신 대로 그 온 땅을 점령하여 이스라엘 지파의 구분에 따라 기업으로 주매 그 땅에 전쟁이 그쳤더라(수 11:23).

2. 십자가의 승리와 개별적 영적 전투

또 범죄와 육체의 무할례로 죽었던 너희를 하나님이 그와 함께 살리시고 우리의 모든 죄를 사하시고, 우리를 거스르고 불리하게 하는 법조문으로 쓴 증서를 지우시고 제하여 버리사 십자가에 못 박으시고, 통치자들과 권세들을 무력화하여 드러내어 구경거리로 삼으시고 십자가로 그들을 이기셨느니라(골 2:13-15).

Ⅲ. 사사들의 활동(삿 2:6-16:31)

1. 사사들의 활동의 머리말

야훼께서 사사들을 세우사 노략자의 손에서 그들을 구원하게 하셨으나, 그들이 그 사사들에게도 순종하지 아니하고 오히려 다른 신들을 따라가 음행하며 그들에게 절하고 야훼의 명령을 순종하던 그들의 조상들이 행하던 길에서 속히 치우쳐 떠나서 그와 같이 행하지 아니하였더라(삿 2:16-17).

2. 여섯 명의 소사사(小士師)

1) 삼갈, 돌라, 야일, 입산, 엘론, 압돈

2) 평화시의 사사로 특별한 사건의 언급 없이 일상생활이 기록됨

3. 여섯 명의 대사사(大士師)

1) 옷니엘, 에훗, 드보라, 기드온, 입다, 삼손

2) 전쟁의 지도자(Military leader)로 내용도 많고 흥미로운 사건이 기록됨

4. 신명기적 역사신학의 전형적인 특징

1) 대사사들에게 나타나는 신학적 구조

2) 역사신학적 구조

배교(불순종) → 징계(심판) → 부르짖음(순종) → 구원(축복)

5. 지파간의 갈등

1) 기드온과 에브라임 지파

에브라임 사람들이 기드온에게 이르되 네가 미디안과 싸우러 갈 때에 우리를 부르지 아니하였으니 우리를 이같이 대접함은 어찌 됨이냐 하고 그와 크게 다투는지라(삿 8:1).

2) 입다와 에브라임 지파

에브라임 사람들이 모여 북쪽으로 가서 입다에게 이르되 네가 암몬 자손과 싸우러 건너갈 때에 어찌하여 우리를 불러 너와 함께 가게 하지 아니하였느냐 우리가 반드시 너와 네 집을 불사르리라 하니(삿 12:1).

그에게 이르기를 쉽볼렛이라 발음하라 하여 에브라임 사람이 그렇게 바로 말하지 못하고 십볼렛이라 발음하면 길르앗 사람이 곧 그를 잡아서 요단 강 나루턱에서 죽였더라 그 때에 에브라임 사람의 죽은 자가 사만 이천 명이었더라(삿 12:6).

6. 삼손과 블레셋

1) 블레셋이 강력한 세력으로 이스라엘을 위협함

이스라엘 자손이 다시 야훼의 목전에 악을 행하였으므로 야훼께서 그들을 사십 년 동안 블레셋 사람의 손에 넘겨 주시니라(삿 13:1).

2) 삼손의 개인적인 처절한 전투

유다 사람 삼천 명이 에담 바위 틈에 내려가서 삼손에게 이르되 너는 블레셋 사람이 우리를 다스리는 줄을 알지 못하느냐 네가 어찌하여 우리에게 이같이 행하였느냐 하니 삼손이 그들에게 이르되 그들이 내게 행한 대로 나도 그들에게 행하였노라 하니라(삿 15:11).

3) 죽음으로 서원을 회복하고 블레셋을 무찌름

삼손이 야훼께 부르짖어 이르되 주 야훼여 구하옵나니 나를 생각하옵소서 하나님이여 구하옵나니 이번만 나를 강하게 하사 나의 두 눈을 뺀 블레셋 사람에게 원수를 단번에 갚게 하옵소서 하고(삿 16:28).

Ⅳ. 부록(삿 17장-21장)

1. 사사시대의 종교적 사회적 타락상

율법에 대한 무지함이 신앙의 변질을 낳아 종교적인 타락을 낳고, 변질된 신앙은 사회적 타락을 야기시킨다.

2. 에브라임 사람 미가와 그의 제사장인 레위인의 이야기

1) 비율법적인 신앙의 모습과 자기중심적인 신앙의 혼미한 것을 드러낸다.

2) 단 성소의 기원 이야기

이스라엘에게서 태어난 그들의 조상 단의 이름을 따라 그 성읍을 단이라 하니라 그 성읍의 본 이름은 라이스였더라 단 자손이 자기들을 위하여 그 새긴 신상을 세웠고 모세의 손자요 게르솜의 아들인 요나단과 그의 자손은 단 지파의 제사장이 되어 그 땅 백성이 사로잡히는 날까지 이르렀더라(삿 18:29-30).

3. 레위인과 그의 첩에 관한 에피소드

1) 이스라엘에 험악한 사회상이 전개되고 있음을 보여준다.

2) 지파간의 갈등이 심화되어 전쟁이 아니고는 제재할 수 없게 되었다.

이스라엘 지파들이 베냐민 온 지파에 사람들을 보내어 두루 다니며 이르기를 너희 중에서 생긴 이 악행이 어찌 됨이냐. 그런즉 이제 기브아 사람들 곧 그 불량배들을 우리에게 넘겨 주어서 우리가 그들을 죽여 이스라엘 중에서 악을 제거하여 버리게 하라 하나 베냐민 자손이 그들의 형제 이스라엘 자손의 말을 듣지 아니하고(삿 20:12-13).

4. 미래의 소망 제시

사사시대의 타락상은 누누이 왕이 없는 탓, 즉 훌륭한 지도자와 좋은 제도의 결핍으로 돌려지고 있다.

V. 나가는 말

사사시대는 어둠의 시대이다. 하나님은 극도의 고통 속에서만 찾았으며, 평온할 때에는 자기의 소견대로 살았고 율법이 무시되었다. 율법에 대한 무지는 사사를 비롯한 지도자들에게서도 마찬가지여서 입다의 인신제사, 삼손의 타락한 행동, 레위인들의 종교적 도덕적 탈선이 사회의 혼탁상을 말해주고 있다. 그러나 그러한 죄악의 어둠 가운데서도 하나님께서는 여전히 신실하셔서 무한한 능력과 사랑으로 그의 백성을 돌봐 주셨다.

룻 기

사사들이 치리하던 때에 그 땅에 흉년이 드니라 유다 베들레헴에 한 사람이 그의 아내와 두 아들을 데리고 모압 지방에 가서 거류하였는데 그 사람의 이름은 엘리멜렉이요 그의 아내의 이름은 나오미요 그의 두 아들의 이름은 말론과 기룐이니 유다 베들레헴 에브랏 사람들이더라 그들이 모압 지방에 들어가서 거기 살더니 나오미의 남편 엘리멜렉이 죽고 나오미와 그의 두 아들이 남았으며 그들은 모압 여자 중에서 그들의 아내를 맞이하였는데 하나의 이름은 오르바요 하나의 이름은 룻이더라 그들이 거기에 거주한 지 십 년쯤에 말론과 기룐 두 사람이 다 죽고 그 여인은 두 아들과 남편의 뒤에 남았더라(룻 1:1-5).

Ⅰ. 들어가는 말

"밤하늘이 어두울수록 별은 빛난다"는 속담이 있다. 룻기는 사회적 종교적으로 어두웠던 사사시대에 별빛처럼 빛나는 한 여인의 신앙과 효성을 담고 있는 책이다.

Ⅱ. 룻기의 위치

1. 히브리 성서에서 룻기는 성문서(聖文書)에 속한다.

1) 五軸(five Scrolls)의 하나로 오순절에 읽는 책이다.

2) 괴테는 룻기를, "작고 아름다운 하나의 완벽한 단편소설" 이라고 했다.

2. 한글성서에서 룻기는 사사기 다음에 위치하는 역사서이다.

1) 사사시대의 암울한 역사 가운데도 빛과 사랑의 자녀가 있다.

2) 다윗의 증조모를 밝혀줌으로써 구속사의 흐름을 전개하고 있다.

Ⅲ. 도입부(룻 1:1-5)

1. 비극적인 엘리멜렉의 다문화(多文化) 가정

사사시대에 흉년이 들자 유다 지파 사람인 엘리멜렉은 아내와 두 아들을 데리고 모압 땅으로 이주하였다. 거기에서 두 아들이 장성하자 모압 여인으로 며느리를 삼았는데 그 한 며느리의 이름이 룻이었다. 그러나 타향살이 십 년만에 엘리멜렉과 두 아들이 다 죽고 시어머니인 나오미와 외국인 며느리들만 남게 되었다.

2. 서글픈 이민자의 삶은 우리 인생의 이야기이다.

1) 한국의 다문화 가정 이야기

우리나라에도 다문화 가정들이 점차 늘어나는 추세이다. 그러나 이들을 향한 사회적 배려와 혜택이 부족한 것이 현실이다.

2) 천국 본향을 바라보며 고난의 현실을 살아가는 인생들

성도의 본향은 현실세계가 아니라 천국이다. 어떠한 의미에서 모든 성도들은 고난의 타국살이를 하고 있다고 말할 수 있다.

Ⅳ. 나오미의 사랑과 룻의 효성(룻 1:6-22)

1. 나오미의 친정으로 돌아가라는 사랑의 권고

나오미가 두 며느리에게 이르되 너희는 각기 너희 어머니의 집으로 돌아가라 너희가 죽은 자들과 나를 선대한 것 같이 야훼께서 너희를 선대하시기를 원하며(룻 1:8).

2. 인생이 돌아갈 곳이 어딘가?

1) 룻에게는 시어머니밖에 돌아갈 곳이 없다(룻 1:16-17).

2) 둘째 아들은 아버지에게 돌아간다.

내가 일어나 아버지께 가서 이르기를 아버지 내가 하늘과 아버지께 죄를 지었사오니 지금부터는 아버지의 아들이라 일컬음을 감당하지 못하겠나이다 나를 품꾼의 하나로 보소서 하리라 하고, 이에 일어나서 아버지께로 돌아가니라(눅 15:18-20).

3) 우리가 돌아갈 곳은 하나님밖에 없다.

그 말씀을 찾아 돌아간다. 그 사랑을 찾아 돌아간다.

Ⅴ. 룻과 보아스의 만남(룻 2:1-3:18)

1. 이삭을 줍는 룻

고향에 돌아왔으나 생계가 막막한 나오미를 모시기 위해 룻은 자진해서 이삭줍기에 나섰다.

2. 인간의 우연과 하나님의 필연(必然)

1) 하나님의 인도하심

룻이 가서 베는 자를 따라 밭에서 이삭을 줍는데 우연히 엘리멜렉의 친족 보아스에게 속한 밭에 이르렀더라(룻 2:3).

2) 보아스는 마침 그곳으로 간다.

마침 보아스가 베들레헴에서부터 와서 베는 자들에게 이르되 야훼께서 너희와 함께 하시기를 원하노라 하니 그들이 대답하되 야훼께서 당신에게 복 주시기를 원하나이다 하니라(룻 2:4).

3. 친족(go'el)의 의무와 책임

1) 친족은 기업을 무를 의무가 있다.

만일 네 형제가 가난하여 그의 기업 중에서 얼마를 팔았으면 그에게 가까운 기업 무를 자가 와서 그의 형제가 판 것을 무를 것이요(레 25:25).

2) 후사를 이어주는 책임이 있었다.

형제들이 함께 사는데 그 중 하나가 죽고 아들이 없거든 그 죽은 자의 아내는 나가서 타인에게 시집 가지 말 것이요 그의 남편의 형제가 그에게로 들어가서 그를 맞이하여 아내로 삼아 그의 남편의 형제 된 의무를 그에게 다 행할 것이요(신 25:5).

4. 하나님 말씀을 소중히 여기는 사람들에 의해 기적이 일어난다.

1) 나오미는 하나님의 말씀을 기억함

크리스천은 아플 때 예수님께서 채찍에 맞으심으로 우리가 나음을 얻었다(사 53:5)는 말씀이 생각나야 한다. 또는 일이 어긋나고 낭패를 당할 때 나는 저주에서 벗어났다는 하나님의 말씀이 기억나야 한다.

나오미가 자기 며느리에게 이르되 그가 야훼로부터 복 받기를 원하노라 그가 살아 있는 자와 죽은 자에게 은혜 베풀기를 그치지 아니하도다 하고 나오미가 또 그에게 이르되 그 사람은 우리와 가까우니 우리 기업을 무를 자 중의 하나이니라 하니라(룻 2:20).

2) 룻은 말씀대로 행동함

룻이 시어머니에게 이르되 어머니의 말씀대로 내가 다 행하리이다 하니라(룻 3:5).

3) 보아스는 말씀대로 행할 것을 약속함

이 밤에 여기서 머무르라 아침에 그가 기업 무를 자의 책임을 네게 이행하려 하면 좋으니 그가 그 기업 무를 자의 책임을 행할 것이니라 만일 그가 기업 무를 자의 책임을 네게 이행하기를 기뻐하지 아니하면 야훼께서 살아 계심을 두고 맹세하노니 내가 기업 무를 자의 책임을 네게 이행하리라 아침까지 누워 있을지니라 하는지라(룻 3:13).

Ⅵ. 룻의 결혼과 다윗의 족보(룻 4장)

1. 보아스와 룻의 결혼

2. 오벳을 양육하는 나오미

3. 다윗의 간단한 족보

보아스가 룻을 통해서 낳은 아들이 오벳이었는데, 오벳은 이새를 낳고 이새는 다윗을 낳음으로써 위대한 가문을 형성하였다.

Ⅶ. 나가는 말

율법을 준행하는 나오미와 보아스를 통하여 아무리 혼탁한 사사시대에도 말씀대로 사는 사람들이 있음을 보여준다. 또한 이방여인 룻의 신앙심과 효성심을 통하여 이방인에 대한 이스라엘 민족의 고정관념을 새롭게 해줄 뿐 아니라 이방인에게도 구원이 있음을 가르쳐준다. 이방인 룻은 신약시대의 교회로, 그를 구속해준 보아스는 예수 그리스도로 예표된다.

사무엘상

사무엘이 이르되 왕이 스스로 작게 여길 그 때에 이스라엘 지파의 머리가 되지 아니하셨나이까 야훼께서 왕에게 기름을 부어 이스라엘 왕을 삼으시고 또 야훼께서 왕을 길로 보내시며 이르시기를 가서 죄인 아말렉 사람을 진멸하되 다 없어지기까지 치라 하셨거늘 어찌하여 왕이 야훼의 목소리를 청종하지 아니하고 탈취하기에만 급하여 야훼께서 악하게 여기시는 일을 행하였나이까 사울이 사무엘에게 이르되 나는 실로 야훼의 목소리를 청종하여 야훼께서 보내신 길로 가서 아말렉 왕 아각을 끌어 왔고 아말렉 사람들을 진멸하였으나 다만 백성이 그 마땅히 멸할 것 중에서 가장 좋은 것으로 길갈에서 당신의 하나님 야훼께 제사하려고 양과 소를 끌어 왔나이다 하는지라 사무엘이 이르되 야훼께서 번제와 다른 제사를 그의 목소리를 청종하는 것을 좋아하심 같이 좋아하시겠나이까 순종이 제사보다 낫고 듣는 것이 숫양의 기름보다 나으니 이는 거역하는 것은 점치는 죄와 같고 완고한 것은 사신 우상에게 절하는 죄와 같음이라 왕이 야훼의 말씀을 버렸으므로 야훼께서도 왕을 버려 왕이 되지 못하게 하셨나이다 하니(삼상 15:17-23).

Ⅰ. 들어가는 말

옛말에 "잘되면 자기 탓, 못 되면 조상 탓"이란 말이 있는데, 요즈음에는 "못 되면 사회 탓"이라고 한다. 흔히 구조악으로 표현되는 사회제도와 조직의 잘못으로 개개인이 피해를 보는 경우가 생겨 사회를 탓하게 되는 것이다.

사사시대 어두움의 큰 원인이 왕이 없었기 때문이라는 관점은 사무엘상에 있어서 군주제도의 성립을 정당시하게 된다. 이처럼 사무엘상은 이스라엘의 민족적 고난의 이유를 제도 탓으로 돌리는 백성들에 의하여 왕을 세우고 왕정을 시작하는 과정을 기록하고 있다.

본래 사무엘상·하는 한 권의 책이었지만 분량에 의해 상, 하 두 권으로 나눠졌으며, 사무엘, 사울, 그리고 다윗의 세 인물을 중심으로 서술되었다.

Ⅱ. 사무엘의 전기(傳記)(삼상 1-8장)

1. 사무엘의 출생과 성장

1) 엘가나의 가정

그에게 두 아내가 있었으니 한 사람의 이름은 한나요 한 사람의 이름은 브닌나라 브닌나에게는 자식이 있고 한나에게는 자식이 없었더라(삼상 1:2).

2) 사무엘의 신실함

사무엘은 어렸을 때에 세마포 에봇을 입고 야훼 앞에서 섬겼더라(삼상 2:18).

2. 블레셋의 강성한 세력

1) 법궤를 빼앗김

블레셋 사람들이 쳤더니 이스라엘이 패하여 각기 장막으로 도망하였고 살륙이 심히 커서 이스라엘 보병의 엎드러진 자가 삼만 명이었으며 하나님의 궤는 빼앗겼고 엘리의 두 아들 홉니와 비느하스는 죽임을 당하였더라(삼상 4:10-11).

2) 법궤 이야기

블레셋 사람들이 하나님의 궤를 빼앗아 가지고 에벤에셀에서부터 아스돗에 이르니라 블레셋 사람들이 하나님의 궤를 가지고 다곤의 신전에 들어가서 다곤 곁에 두었더니 아스돗 사람들이 이튿날 일찍이 일어나 본즉 다곤이 야훼의 궤 앞에서 엎드러져 그 얼굴이 땅에 닿았는지라 그들이 다곤을 일으켜 다시 그 자리에 세웠더니(삼상 5:1-3).

3. 사무엘의 통치

1) 미스바 성회

사무엘이 이르되 온 이스라엘은 미스바로 모이라 내가 너희를 위하여 야훼께 기도하리라 하매 그들이 미스바에 모여 물을 길어 야훼 앞에 붓고 그 날 종일 금식하고 거기에서 이르되 우리가 야훼께 범죄하였나이다 하니라 사무엘이 미스바에서 이스라엘 자손을 다스리니라(삼상 7:5-6).

2) 순회하는 사사 사무엘

사무엘이 사는 날 동안에 이스라엘을 다스렸으되 해마다 벧엘과 길갈과 미스바로 순회하여 그 모든 곳에서 이스라엘을 다스렸고 라마로 돌아왔으니 이는 거기에 자기 집이 있음이니라 거기서도 이스라엘을 다스렸으며 또 거기에 야훼를 위하여 제단을 쌓았더라(삼상 7:15-17).

3) 왕을 요구하는 백성들

사무엘의 아들들이 사사직의 수행을 바르게 하지 못하자, 백성들은 열방처럼 이스라엘에도 왕을 세워달라고 요청한다.

Ⅲ. 사울의 전기(삼상 9-15장)

1. 개요

사울은 초대 왕으로 기름부음을 받은 베냐민 지파 사람이었다. 사울의 활동을 요약하면 시작은 아름다웠으나 하나님께 대한 불순종으로 말미암아, 믿음을 잃고, 왕조를 잃고, 맑은 정신과 건강과 생명을 모두 잃어버리는 비참한 종말을 맞이한 생애였다.

2. 사울의 활동

1) 사울의 기름부음

이에 사무엘이 기름병을 가져다가 사울의 머리에 붓고 입맞추며 이르되 야훼께서 네게 기름을 부으사 그의 기업의 지도자로 삼지 아니하셨느냐(삼상 10:1).

2) 여러 전쟁에서 승리함

사울이 이스라엘 왕위에 오른 후에 사방에 있는 모든 대적 곧 모압과 암몬 자손과 에돔과 소바의 왕들과 블레셋 사람들을 쳤는데 향하는 곳마다 이겼고 용감하게 아말렉 사람들을 치고 이스라엘을 그 약탈하는 자들의 손에서 건졌더라(삼상 14:47-48).

3. 사울의 불순종과 버림받음

1) 아말렉을 진멸하라는 명령을 거역함

아말렉 사람의 왕 아각을 사로잡고 칼날로 그의 모든 백성을 진멸하였으되 사울과 백성이 아각과 그의 양과 소의 가장 좋은 것 또는 기름진 것과 어린 양과 모든 좋은 것을 남기고 진멸하기를 즐겨 아니하고 가치 없고 하찮은 것은 진멸하니라(삼상 15:8-9).

2) 사울의 버림받음

이는 거역하는 것은 점치는 죄와 같고 완고한 것은 사신 우상에게 절하는 죄와 같음이라 왕이 야훼의 말씀을 버렸으므로 야훼께서도 왕을 버려 왕이 되지 못하게 하셨나이다 하니(삼상 15:23).

Ⅳ. 다윗의 전기(삼상 16-31장)

1. 다윗의 기름부음

사무엘이 기름 뿔병을 가져다가 그의 형제 중에서 그에게 부었더니 이 날 이후로 다윗이 야훼의 영에게 크게 감동되니라 사무엘이 떠나서 라마로 가니라(삼상 16:13).

2. 다윗의 활동

1) 골리앗을 이김

블레셋 사람이 일어나 다윗에게로 마주 가까이 올 때에 다윗이 블레셋 사람을 향하여 빨리 달리며 손을 주머니에 넣어 돌을 가지고 물매로 던져 블레셋 사람의 이마를 치매 돌이 그의 이마에 박히니 땅에 엎드러지니라(삼상 17:48-49).

2) 다윗과 요나단의 우정

다윗이 사울에게 말하기를 마치매 요나단의 마음이 다윗의 마음과 하나가 되어 요나단이 그를 자기 생명 같이 사랑하니라(삼상 18:1).

3) 사울의 사위가 됨

다윗이 일어나서 그의 부하들과 함께 가서 블레셋 사람 이백 명을 죽이고 그들의 포피를 가져다가 수대로 왕께 드려 왕의 사위가 되고자 하니 사울이 그의 딸 미갈을 다윗에게 아내로 주었더라(삼상 18:27).

4) 다윗의 도피생활(삼상 19-26장)

3. 사울과 블레셋과의 전쟁

1) 시글락의 영주가 된 다윗

아기스가 그 날에 시글락을 그에게 주었으므로 시글락이 오늘까지 유다 왕에게 속하니라다윗이 블레셋 사람들의 지방에 산 날 수는 일 년 사 개월이었더라(삼상 27:6-7).

2) 사울의 죽음

사울과 그의 세 아들과 무기를 든 자와 그의 모든 사람이 다 그 날에 함께 죽었더라(삼상 31:6).

Ⅴ. 나가는 말

사무엘상은 이스라엘 민족의 정치제도의 변화를 중심으로 세 인물의 대조되는 모습을 보여주고 있다. 평생을 기도 가운데 흠 없는 인생을 보낸 사무엘, 아름다운 시작을 불순종으로 인하여 비참하게 끝내버린 사울, 파란만장한 삶 속에서도 하나님에 대한 경외와 믿음을 버리지 않은 다윗 등 세 사람의 일대기가 서로 조화롭게 얽혀져 있다

사무엘하

내가 또 내 백성 이스라엘을 위하여 한 곳을 정하여 그를 심고 그를 거주하게 하고 다시 옮기지 못하게 하며 악한 종류로 전과 같이 그들을 해하지 못하게 하여 전에 내가 사사에게 명령하여 내 백성 이스라엘을 다스리던 때와 같지 아니하게 하고 너를 모든 원수에게서 벗어나 편히 쉬게 하리라 야훼가 또 네게 이르노니 야훼가 너를 위하여 집을 짓고 네 수한이 차서 네 조상들과 함께 누울 때에 내가 네 몸에서 날 네 씨를 네 뒤에 세워 그의 나라를 견고하게 하리라 그는 내 이름을 위하여 집을 건축할 것이요 나는 그의 나라 왕위를 영원히 견고하게 하리라 나는 그에게 아버지가 되고 그는 내게 아들이 되리니 그가 만일 죄를 범하면 내가 사람의 매와 인생의 채찍으로 징계하려니와 내가 네 앞에서 물러나게 한 사울에게서 내 은총을 빼앗은 것처럼 그에게서 빼앗지는 아니하리라 네 집과 네 나라가 내 앞에서 영원히 보전되고 네 왕위가 영원히 견고하리라 하셨다 하라 나단이 이 모든 말씀들과 이 모든 계시대로 다윗에게 말하니라(삼하 7:10-17).

Ⅰ. 들어가는 말

한 병사가 허겁지겁 다윗 왕에게 달려왔는데 그 옷은 찢어졌고 머리에는 흙이 뒤범벅되어 있었다. 그가 전해준 소식은 다윗의 대적 사울이 전사했다는 어쩌면 기분 나쁘지 않은 소식이었다. 그러나 이 말을 들은 다윗은 옷을 찢고 애통하며 슬픈 노래(활 노래, the song of bow)를 지어 불렀다. 하나님의 기름부음을 받았던 사울 왕이 죽었기 때문이었다. 이러한 하나님의 경외와 사람에 대한 사랑이 다윗을 다윗 되게 한 것이다.

Ⅱ. 다윗의 통치 전기(삼하 1-8장)

1. 왕이 된 다윗

1) 유다 지파의 왕

유다 사람들이 와서 거기서 다윗에게 기름을 부어 유다 족속의 왕으로 삼았더라 어떤 사람이 다윗에게 말하여 이르되 사울을 장사한 사람은 길르앗 야베스 사람들이니이다 하매(삼하 2:4).

2) 이스보셋의 망명정부

사울의 군사령관 넬의 아들 아브넬이 이미 사울의 아들 이스보셋을 데리고 마하나임으로 건너가 길르앗과 아술과 이스르엘과 에브라임과 베냐민과 온 이스라엘의 왕으로 삼았더라(삼하 2:8-9).

3) 온 이스라엘의 왕이 된 다윗

이에 이스라엘 모든 장로가 헤브론에 이르러 왕에게 나아오매 다윗 왕이 헤브론에서 야훼 앞에 그들과 언약을 맺으매 그들이 다윗에게 기름을 부어 이스라엘 왕으로 삼으니라 다윗이 나이가 삼십 세에 왕위에 올라 사십 년 동안 다스렸으되(삼하 5:3-4).

2. 다윗의 주요 활동

1) 예루살렘의 정복

다윗이 시온 산성을 빼앗았으니 이는 다윗 성이더라(삼하 5:7).

2) 블레셋의 격퇴

3) 법궤를 예루살렘에 모심

야훼의 궤를 메고 들어가서 다윗이 그것을 위하여 친 장막 가운데 그 준비한 자리에 그것을 두매 다윗이 번제와 화목제를 야훼 앞에 드리니라(삼하 6:17).

4) 다윗 언약(Davidic Covenant, 삼하 7장)은 하나님께서 영원한 왕권을 다윗의 후손에게 주신다는 것과 그 거룩하신 이름을 예루살렘에 영영히 두신다는 두 가지 조항을 중심으로 하고 있다.

3. 다윗의 업적

1) 군사적 승리

다윗이 에돔에 수비대를 두되 온 에돔에 수비대를 두니 에돔 사람이 다 다윗의 종이 되니라 다윗이 어디로 가든지 야훼께서 이기게 하셨더라(삼하 8:14).

2) 다윗의 행정부

다윗이 온 이스라엘을 다스려 다윗이 모든 백성에게 정의와 공의를 행할새 스루야의 아들 요압은 군사령관이 되고 아힐룻의 아들 여호사밧은 사관이 되고 아히둡의 아들 사독과 아비아달의 아들 아히멜렉은 제사장이 되고 스라야는 서기관이 되고 여호야다의 아들 브나야는 그렛 사람과 블렛 사람을 관할하고 다윗의 아들들은 대신들이 되니라(삼하 8:15-18).

Ⅲ. 다윗의 통치 후기(삼하 9-20장)

이 부분은 다윗의 실정을 기록한 것으로 그 비극의 시작과 결말을 상세하게 보도함으로써 하나님의 사람들, 특히 왕들의 행동을 경고하고 있다. 또한 어떻게 솔로몬이 왕이 되었는가를 말해주고 있으므로 왕위계승사라고 한다.

1. 다윗 왕가의 비극과 희망

전쟁의 영웅 다윗은 블레셋, 모압, 시리아, 에돔 등을 쉽게 정복하였는데, 암몬은 소바 왕국의 지원을 받고 끈질기게 저항하였다. 이런 와중에서 궁궐에 남아있던 다윗은 전쟁에 참가하고 있는 부하의 아내와 간음을 하고, 그 부하를 격전지에 보내어 전사하게 한 죄를 범했다.

선지자 나단의 엄중한 책망 앞에 다윗은 절실히 회개하고 용서받았지만 그 죄의 결과를 다 씻어버리지는 못하여, 왕가의 근친상간, 형제살인, 아들의 모반, 신하들의 배신이라는 피눈물 나는 고통을 겪게 되었다. 그 처절한 내용을 읽는 사람은 아무도 순간적인 쾌락의 불속으로 자신을 던져버리지 못할 것이다.

1) 다윗의 범죄

저녁 때에 다윗이 그의 침상에서 일어나 왕궁 옥상에서 거닐다가 그 곳에서 보니 한 여인이 목욕을 하는데 심히 아름다워 보이는지라(삼하 11:2).

2) 솔로몬의 출생

다윗이 그의 아내 밧세바를 위로하고 그에게 들어가 그와 동침하였더니 그가 아들을 낳으매 그의 이름을 솔로몬이라 하니라 야훼께서 그를 사랑하사 선지자 나단을 보내 그의 이름을 여디디야라 하시니 이는 야훼께서 사랑하셨기 때문이더라(삼하 12:24-25).

3) 암논과 다말의 사건(삼하 13장)

4) 압살롬의 반역

전령이 다윗에게 와서 말하되 이스라엘의 인심이 다 압살롬에게로 돌아갔나이다 한지라(삼하 15:13).

2. 다윗과 사울 가문과의 이야기

1) 요나단의 아들 므비보셋

다윗이 이르되 사울의 집에 아직도 남은 사람이 있느냐 내가 요나단으로 말미암아 그 사람에게 은총을 베풀리라 하니라(삼하 9:1).

2) 시므이의 저주

다윗 왕이 바후림에 이르매 거기서 사울의 친족 한 사람이 나오니 게라의 아들이요 이름은 시므이라 그가 나오면서 계속하여 저주하고 또 다윗과 다윗 왕의 모든 신하들을 향하여 돌을 던지니 그 때에 모든 백성과 용사들은 다 왕의 좌우에 있었더라(삼하 16:5-6).

3) 세바의 반란

마침 거기에 불량배 하나가 있으니 그의 이름은 세바인데 베냐민 사람 비그리의 아들이었더라 그가 나팔을 불며 이르되 우리는 다윗과 나눌 분깃이 없으며 이새의 아들에게서 받을 유산이 우리에게 없도다 이스라엘아 각각 장막으로 돌아가라 하매(삼하 20:1).

Ⅳ. 부록(삼하 21-24장)

1. 삼년 기근

다윗의 시대에 해를 거듭하여 삼 년 기근이 있으므로 다윗이 야훼 앞에 간구하매 야훼께서 이르시되 이는 사울과 피를 흘린 그의 집으로 말미암음이니 그가 기브온 사람을 죽였음이니라 하시니라(삼하 21:1).

2. 다윗의 감사노래

3. 다윗의 유언과 용사들의 업적

4. 인구조사의 범죄와 성전 부지의 확보

이 날에 갓이 다윗에게 이르러 그에게 아뢰되 올라가서 여부스 사람 아라우나의 타작 마당에서 야훼를 위하여 제단을 쌓으소서 하매(삼하 24:18).

Ⅴ. 나가는 말

하나님 앞에서 기뻐 춤추다 옷이 벗겨진 왕, 결코 변명하지 않고 그 앞에 무릎 꿇는 회개 잘하는 왕, 저주하는 사람에게서도 하나님의 절대 섭리를 인정하는 왕, 그 다윗으로부터 우리 모두는 하나님의 사랑받는 자가 되는 길이 무엇인가를 찾을 수 있을 것이다.

열왕기상

솔로몬이 마음을 돌려 이스라엘의 하나님 야훼를 떠나므로 야훼께서 그에게 진노하시니라 야훼께서 일찍이 두 번이나 그에게 나타나시고 이 일에 대하여 명령하사 다른 신을 따르지 말라 하셨으나 그가 야훼의 명령을 지키지 않았으므로 야훼께서 솔로몬에게 말씀하시되 네게 이러한 일이 있었고 또 네가 내 언약과 내가 네게 명령한 법도를 지키지 아니하였으니 내가 반드시 이 나라를 네게서 빼앗아 네 신하에게 주리라 그러나 네 아버지 다윗을 위하여 네 세대에는 이 일을 행하지 아니하고 네 아들의 손에서 빼앗으려니와 오직 내가 이 나라를 다 빼앗지 아니하고 내 종 다윗과 내가 택한 예루살렘을 위하여 한 지파를 네 아들에게 주리라 하셨더라(왕상 11:9-13).

I. 들어가는 말

다윗의 노년 생활과 왕위 계승의 혼란으로 시작되는 열왕기상은 그 내용상으로도 알 수 있듯이 사무엘하와 연결되는 책이다. 그래서 헬라어 성경(70인역)에서는 사무엘상·하에 연결시켜 열왕기상 · 하를 왕국의 세 번째와 네 번째 책이라고 이름을 붙인 것이다.

그러나 사무엘상 · 하는 이스라엘의 통일왕국 시대를 배경으로 하고 있지만, 열왕기상 · 하는 분열된 남북왕국 시대를 배경으로 하고 있다. 그러한 역사적 대전환의 계기를 만든 왕이 솔로몬 왕이다.

Ⅱ. 솔로몬의 통치(왕상 1-11장)

1. 왕위 계승사(왕상 1-2장)

1) 다윗의 연약함

다윗 왕이 나이가 많아 늙으니 이불을 덮어도 따뜻하지 아니한지라(왕상 1:1).

2) 아도니야의 야심

그 때에 학깃의 아들 아도니야가 스스로 높여서 이르기를 내가 왕이 되리라 하고 자기를 위하여 병거와 기병과 호위병 오십 명을 준비하니 그는 압살롬 다음에 태어난 자요 용모가 심히 준수한 자라 그의 아버지가 네가 어찌하여 그리 하였느냐고 하는 말로 한 번도 그를 섭섭하게 한 일이 없었더라(왕상 1:5-6).

3) 솔로몬의 등장

제사장 사독과 선지자 나단과 여호야다의 아들 브나야와 그렛 사람과 블렛 사람이 내려가서 솔로몬을 다윗 왕의 노새에 태우고 인도하여 기혼으로 가서 제사장 사독이 성막 가운데에서 기름 담은 뿔을 가져다가 솔로몬에게 기름을 부으니 이에 뿔나팔을 불고 모든 백성이 솔로몬 왕은 만세수를 하옵소서 하니라(왕상 1:38-39).

2. 솔로몬의 지혜와 통치(왕상 3-4장)

솔로몬이 야훼를 사랑하고 그의 아버지 다윗의 법도를 행하였으나 산당에서 제사하며 분향하더라 이에 왕이 제사하러 기브온으로 가니 거기는 산당이 큼이라 솔로몬이 그 제단에 일천 번제를 드렸더니 기브온에서 밤에 야훼께서 솔로몬의 꿈에 나타나시니라 하나님이 이르시되 내가 네게 무엇을 줄꼬 너는 구하라(왕상 3:3-5).

3. 성전 건축(왕상 5-8장)

제사장이 성소에서 나올 때에 구름이 야훼의 성전에 가득하매 제사장이 그 구름으로 말미암아 능히 서서 섬기지 못하였으니 이는 야훼의 영광이 야훼의 성전에 가득함이었더라(왕상 8:10-11).

4. 솔로몬의 번영과 쇠퇴

1) 통치

솔로몬 왕이 역군을 일으킨 까닭은 이러하니 야훼의 성전과 자기 왕궁과 밀로와 예루살렘 성과 하솔과 므깃도와 게셀을 건축하려 하였음이라(왕상 9:15).

2) 외교

솔로몬 왕의 재산과 지혜가 세상의 그 어느 왕보다 큰지라 온 세상 사람들이 다 하나님께서 솔로몬의 마음에 주신 지혜를 들으며 그의 얼굴을 보기 원하여(왕상 10:23-24).

5. 신명기 사가의 솔로몬 업적 평가

크리스천의 양면성을 바울은 영광과 욕됨, 악한 이름과 아름다운 이름으로 말미암는다는 말로 갈파하였다. 솔로몬은 성서의 인물 가운데 이러한 양면성을 두드러지게 나타내 보이는 왕으로서, 열왕기상의 핵심 인물로 부각되어 있다. 그 까닭은 그의 통치시기가 이스라엘이 정치적으로, 경제적으로, 군사적으로, 문화적으로 번창했을 뿐만 아니라, 하나님의 성전을 건축함으로써 이스라엘의 최고의 번영을 구가했기 때문이었다.

그러나 이러한 영광의 나라를 솔로몬이 두 동강 내고 이스라엘을 삼등 국가로 전락시킨 욕됨의 왕이 되었다는 것은 의미심장한 일이다.

영욕의 갈림길을 나눠놓은 것은 무엇이었을까? 그것은 신명기부터 강조되어온 하나님께 대한 순종의 여부가 여기에서도 그대로 적용되고 있는 것이다.

Ⅲ. 분열왕국의 역사(왕상 12-22장)

1. 왕국의 전환점

열왕기상은 11장에 불순종의 솔로몬에게 내리실 왕국분열이라는 징계의 내용이 기록된 것을 중심으로 크게 둘로 구분된다.

야훼께서 솔로몬에게 말씀하시되 네게 이러한 일이 있었고 또 네가 내 언약과 내가 네게 명령한 법도를 지키지 아니하였으니 내가 반드시 이 나라를 네게서 빼앗아 네 신하에게 주리라(왕상 11:11).

2. 왕들의 치적

1) 남왕국 초대왕 르호보암

르호보암이 세겜으로 갔으니 이는 온 이스라엘이 그를 왕으로 삼고자 하여 세겜에 이르렀음이더라(왕상 12:1).

2) 북왕국 초대왕 여로보암

온 이스라엘이 여로보암이 돌아왔다 함을 듣고 사람을 보내 그를 공회로 청하여 온 이스라엘의 왕으로 삼았으니 유다 지파 외에는 다윗의 집을 따르는 자가 없으니라(왕상 12:20).

3. 평가기준

1) 여로보암의 길

북왕국의 평가기준은 초대왕 여로보암이 우상의 제단을 쌓고 섬긴 죄가 답습되고 있느냐 아니냐는 것이다. 어떤 정치적 경제적 업적에도 불구하고 여로보암의 종교정책을 따라서 행한 왕들은 "여로보암의 길로 행하여 범죄 하였다"는 극히 단순하고 명확한 평가를 내리고 있다.

바아사가 야훼 보시기에 악을 행하되 여로보암의 길로 행하며 그가 이스라엘에게 범하게 한 그 죄 중에 행하였더라(왕상 15:34).

2) 다윗같이

남왕국의 평가기준은 그 조상 다윗의 행위를 본받았는지의 여부로 평가된다. 이처럼 우리 인생이 아무리 복잡한 삶을 살아갔을지라도 하나님 앞에서는 '그를 믿고 순종하였는가?' 라는 하나의 판단기준 밖에 없을 것이다.

아사가 그의 조상 다윗 같이 야훼 보시기에 정직하게 행하여(왕상 15:11).

4. 엘리야의 활동

1) 열왕기상의 후반부에서 특기할만한 내용은 북이스라엘 아합왕의 종교적 타락과 엘리야의 출현이다.

2) 왕들이 그 사명을 다하지 못하는 시대가 계속되었다.

아합은 시돈 왕의 딸 이세벨을 아내로 맞아들여 여로보암의 죄에 바알 숭배의 죄까지 덧붙임으로써 다른 왕들보다 갑절로 죄를 지었다. 아합이 왕의 사명을 올바르게 수행하지 못함으로 하나님의 노를 격발시켜서 큰 가뭄이 들었다. 그 때 하나님께서는 하나님의 백성을 인도하는 예언자를 보내셨다.

Ⅳ. 나가는 말

우상숭배가 심해지는 시절에 하나님께서는 빛의 사자인 엘리야를 보내사 이스라엘 백성들의 마음을 하나님께로 돌이키게 하셨다. 실로 죄가 많은 곳에 은혜를 더하시는 하나님의 사랑이 나타나 점차 타락의 도를 더해 가는 남북왕국에 계속 선지자들을 보내신다.

열왕기하

유다도 그들의 하나님 야훼의 명령을 지키지 아니하고 이스라엘 사람들이 만든 관습을 행하였으므로 야훼께서 이스라엘의 온 족속을 버리사 괴롭게 하시며 노략꾼의 손에 넘기시고 마침내 그의 앞에서 쫓아내시니라 이스라엘을 다윗의 집에서 찢어 나누시매 그들이 느밧의 아들 여로보암을 왕으로 삼았더니 여로보암이 이스라엘을 몰아 야훼를 떠나고 큰 죄를 범하게 하매 이스라엘 자손이 여로보암이 행한 모든 죄를 따라 행하여 거기서 떠나지 아니하므로 야훼께서 그의 종 모든 선지자를 통하여 하신 말씀대로 드디어 이스라엘을 그 앞에서 내쫓으신지라 이스라엘이 고향에서 앗수르에 사로잡혀 가서 오늘까지 이르렀더라(왕하 17:19-23).

Ⅰ. 들어가는 말

멸망한 나라의 역사를 살펴보는 것은 비통한 마음이 들기는 하지만, 그 대신 깊은 깨달음을 얻게 해주는 유익함이 있다. 그 때문에 지혜자의 마음은 잔칫집보다는 초상집에 있다고 전도자가 말씀한 것이다.

Ⅱ. 개요

열왕기하는 분열된 남북왕국의 멸망역사를 기록하고 있다. 이스라엘 멸망이 기록된 17장까지는 남북의 왕국에 대한 내용이 모두 수록되었고, 그 후부터는 남왕국의 역사만이 수록되었다.

전반부(왕하 1-17장)의 중심인물은 엘리야의 제자인 엘리사이며, 그의 활동 내용이 거의 절반이나 차지하고 있다. 열왕기하의 후반부(왕하 18-25장)는 남유다의 역사만이 기록되어 있다.

Ⅲ. 북왕국의 후기 역사(왕하 1-17장)

1. 엘리사의 활동

1) 엘리야를 이어받음

겉옷이 하늘에서 떨어진 것은 하나님이 성직(聖職)을 주신다는 것

> 엘리야의 몸에서 떨어진 겉옷을 주워 가지고 돌아와 요단 언덕에 서서 엘리야의 몸에서 떨어진 그의 겉옷을 가지고 물을 치며 이르되 엘리야의 하나님 야훼는 어디 계시니이까 하고 그도 물을 치매 물이 이리 저리 갈라지고 엘리사가 건너니라(왕하 2:13-14).

2) 수넴 여인의 아들을 살림

엘리사가 수넴 여인의 외아들을 살린 것은 엘리야가 사르밧 과부의 아들을 살리는 것과도 일맥상통하는 바, 하나님의 유일한 백성인 이스라엘이 죽어 가는 상태라는 것과 그에게 생명을 불어넣는 사역이 선지자의 할 일이라는 것을 밝혀주는 상징적 행동인 것

이다.

엘리사가 집에 들어가 보니 아이가 죽었는데 자기의 침상에 눕혔는지라 들어가서는 문을 닫으니 두 사람 뿐이라 엘리사가 야훼께 기도하고 아이 위에 올라 엎드려 자기 입을 그의 입에, 자기 눈을 그의 눈에, 자기 손을 그의 손에 대고 그의 몸에 엎드리니 아이의 살이 차차 따뜻하더라 엘리사가 내려서 집 안에서 한 번 이리 저리 다니고 다시 아이 위에 올라 엎드리니 아이가 일곱 번 재채기 하고 눈을 뜨는지라(왕하 4:32-35).

2. 예후 혁명

1) 아합 가문을 멸절시킴

엘리사의 활약에도 불구하고 이스라엘이 죄악으로 죽어갈 때 예후가 아합왕가와 함께 바알 제사장들을 멸절시켰다.

예후가 일어나 집으로 들어가니 청년이 그의 머리에 기름을 부으며 그에게 이르되 이스라엘 하나님 야훼의 말씀이 내가 네게 기름을 부어 야훼의 백성 곧 이스라엘의 왕으로 삼노니 너는 네 주 아합의 집을 치라 내가 나의 종 곧 선지자들의 피와 야훼의 종들의 피를 이세벨에게 갚아 주리라(왕하 9:6-7).

2) 미흡한 예후 혁명

예후의 구데타는 정치적 성공을 위하여 종교를 이용한 것에 불과했을 뿐 진정한 종교 개혁은 이루어지지 않았다. 그러나 조금이나마 개혁된 신앙으로 말미암아 예후의 증손자 여로보암 2세 때 북이스라엘은 분열 후 최대의 정치적 경제적 번영을 누리게 되었다.

3. 북왕국의 멸망

여로보암 2세의 번영 이후 이스라엘은 급속하게 쇠퇴하기 시작했다. 북왕국의 백성들은 선지자 아모스와 호세아의 경고를 무시한 채 의식적이고 형식적 종교생활을 청산하지 못하였고, 마침내 이스라엘은 주전 722년 앗수르의 살만에셀 5세에게 멸망당하였다.

이스라엘 자손이 여로보암이 행한 모든 죄를 따라 행하여 거기서 떠나지 아니하므로 야훼께서 그의 종 모든 선지자를 통하여 하신 말씀대로 드디어 이스라엘을 그 앞에서 내쫓으신지라 이스라엘이 고향에서 앗수르에 사로잡혀 가서 오늘까지 이르렀더라(왕하 17:22-23).

Ⅳ. 유다왕국의 역사(왕하 18-25장)

1. 유다왕국의 존속 이유

유다왕국이 좀 더 존속한 까닭은 신앙상태가 북왕국보다는 나았기 때문이고 또 아사왕이나 여호사밧, 요아스와 같은 훌륭한 신앙의 소유자가 나라를 다스렸기 때문이었다.

2. 히스기야의 통치

1) 종교개혁

앗수르가 북왕국을 멸망시킬 즈음에는 히스기야가 산당을 제하며 주상과 아세라상을 부숴 버리는 종교개혁을 단행하였다. 역사의 주관자가 되시는 하나님께서 이러한 열심과 정지한 신앙을 보시고 그의 앞길을 형통케 하셨다.

2) 질병을 치료받음

히스기야가 낯을 벽으로 향하고 야훼께 기도하여 이르되 야훼여 구하오니 내가 진실과 전심으로 주 앞에 행하며 주께서 보시기에 선하게 행한 것을 기억하옵소서 하고 히스기야가 심히 통곡하더라(왕하 20:2-3).

3) 하나님은 앗수르의 침략도 물리쳐 주셨다.

3. 므낫세의 통치

1) 우상숭배

히스기야가 죽은 후 므낫세가 등장하여 우상숭배의 소용돌이 속으로 국가를 휘몰아갔다. 그는 심지어 우상에게 그의 아들을 태워 바치는 극심한 죄까지 저지름으로써 유다를 향한 하나님의 진노를 격발시켰다.

그의 아버지 히스기야가 헐어 버린 산당들을 다시 세우며 이스라엘의 왕 아합의 행위를 따라 바알을 위하여 제단을 쌓으며 아세라 목상을 만들며 하늘의 일월 성신을 경배하여 섬기며(왕하 21:3).

2) 므낫세의 업적

므낫세 시기의 고고학적인 조사에 의하면 국가적 지위향상과 경제적 번영, 농경지의 확장 등의 사회적 안정을 보여준다.

4. 요시야의 통치

1) 종교개혁의 열심

요시야와 같이 마음을 다하며 뜻을 다하며 힘을 다하여 모세의 모든 율법을 따라 야훼께로 돌이킨 왕은 요시야 전에도 없었고 후에도 그와 같은 자가 없었더라(왕하 23:25).

2) 요시야의 개혁의 실패

그러나 야훼께서 유다를 향하여 내리신 그 크게 타오르는 진노를 돌이키지 아니하셨으니 이는 므낫세가 야훼를 격노하게 한 그 모든 격노 때문이라(왕하 23:26).

3) 요시야의 죽음

요시야 당시에 애굽의 왕 바로 느고가 앗수르 왕을 치고자 하여 유브라데 강으로 올라가므로 요시야 왕이 맞서 나갔더니 애굽 왕이 요시야를 므깃도에서 만났을 때에 죽인지라(왕하 23:29).

V. 나가는 말

남왕국 유다는 바벨론의 느부갓네살에게 주전 586년에 멸망당하였다. 국가의 멸망 원인에는 여러 가지 요인이 있을 것이다. 그러나 열왕기하에서 하나님께서는 우상숭배와 불순종이 개인의 패망과 국가의 멸망을 초래한다는 사실을 분명히 밝히고 있다.

역대상

다윗이 온 회중 앞에서 야훼를 송축하여 이르되 우리 조상 이스라엘의 하나님 야훼여 주는 영원부터 영원까지 송축을 받으시옵소서 야훼여 위대하심과 권능과 영광과 승리와 위엄이 다 주께 속하였사오니 천지에 있는 것이 다 주의 것이로소이다 야훼여 주권도 주께 속하였사오니 주는 높으사 만물의 머리이심이니이다 부와 귀가 주께로 말미암고 또 주는 만물의 주재가 되사 손에 권세와 능력이 있사오니 모든 사람을 크게 하심과 강하게 하심이 주의 손에 있나이다 우리 하나님이여 이제 우리가 주께 감사하오며 주의 영화로운 이름을 찬양하나이다 나와 내 백성이 무엇이기에 이처럼 즐거운 마음으로 드릴 힘이 있었나이까 모든 것이 주께로 말미암았사오니 우리가 주의 손에서 받은 것으로 주께 드렸을 뿐이니이다 우리는 우리 조상들과 같이 주님 앞에서 이방 나그네와 거류민들이라 세상에 있는 날이 그림자 같아서 희망이 없나이다 우리 하나님 야훼여 우리가 주의 거룩한 이름을 위하여 성전을 건축하려고 미리 저축한 이 모든 물건이 다 주의 손에서 왔사오니 다 주의 것이니이다 나의 하나님이여 주께서 마음을 감찰하시고 정직을 기뻐하시는 줄을 내가 아나이다 내가 정직한 마음으로 이 모든 것을 즐거이 드렸사오며 이제 내가 또 여기 있는 주의 백성이 주께 자원하여 드리는 것을 보오니 심히 기쁘도소이다 우리 조상들 아브라함과 이삭과 이스라엘의 하나님 야훼여 주께서 이것을 주의 백성의 심중에 영원히 두어 생각하게 하시고 그 마음을 준비하여 주께로 돌아오게 하시오며 또 내 아들 솔로몬에게 정성된 마음을 주사 주의 계명과 권면과 율례를 지켜 이 모든 일을 행하게 하시고 내가 위하여 준비한 것으로 성전을 건축하게 하옵소서 하였더라(대상 29:10-19).

Ⅰ. 들어가는 말

"우리가 바벨론의 여러 강변 거기 앉아서 시온을 기억하며 울었도다"(시 137:1)라는 말씀처럼 바벨론의 느부갓네살에게 사로잡혀간 유다 백성들은 그제야 하나님께 눈물을 흘리며 우상숭배의 죄악을 회개하였다.

그들의 통회자복을 들으신 하나님께서는 포로에서 돌아와 예루살렘에 다시 거주하게 하셨는데, 귀환한 백성들은 새로운 역사서를 기록하였다.

Ⅱ. 왜 다시 역사를 기록해야 했는가?

예레미야의 예언처럼 70년이라는 긴 세월을 이역만리 타국에서 보낸 유다 백성들은 그들이 어떻게 존재하게 되었으며, 왜 이 땅에서 살고 있는가를 하나님께 묻지 않을 수 없었다. 이에 대한 해답으로 주어진 하나님의 말씀이 역대상 · 하이며, 히브리성서에서는 한권으로 되어 있다.

1. 하나님이 지으시고, 만민 가운데 택하신 유다 백성

택함 받은 하나님의 백성은 이에 합당한 생활을 해야만 한다. 그렇지 않을 경우 하나님의 징계를 받게 된다.

> 예루살렘 주민과 유다 사람들아 구하노니 이제 나와 내 포도원 사이에서 사리를 판단하라 내가 내 포도원을 위하여 행한 것 외에 무엇을 더할 것이 있으랴 내가 좋은 포도 맺기를 기다렸거늘 들포도를 맺음은 어찌 됨인고 이제

내가 내 포도원에 어떻게 행할지를 너희에게 이르리라 내가 그 울타리를 걷어 먹힘을 당하게 하며 그 담을 헐어 짓밟히게 할 것이요(사 5:3-5).

2. 성전 건축 및 제의를 강조

1) 하나님의 백성은 세상의 부귀영화가 목적이 아니다.

육체로 사는 사람들의 목적은 놀고 먹고 즐기며 육체의 쾌락을 추구하는 것이다. 그러나 하나님의 백성은 이러한 삶을 목적으로 하지 않는다.

2) 하나님의 백성은 예배의 삶이 존재 목적이다.

하나님께서 출애굽부터 말씀하신 제사장 나라와 거룩한 백성으로서의 삶을 사는 것이 유다민족의 존재 이유요, 삶의 목적이다.

Ⅲ. 아담부터 다윗까지의 족보(대상 1-9장)

1. 포로에서 돌아와 자기의 뿌리를 알게 한다.

1) 역대상의 초반부는 창세기의 아담으로부터 아브라함과 야곱을 거쳐 다윗까지의 족보가 상세하게 기록되었다. 이러한 혈통의 강조는 흩어져 살던 유다 백성들이 이방 민족 속에 흡수되거나 동화되어 선민으로서의 위치와 신분을 상실하는 것을 방지하려는데 목적이 있었을 뿐 아니라, 약속의 자손인 메시아의 계보를 밝히려는 하나님의 구속사적 섭리가 담겨 있다.

2) 당나라 시대와 송나라 시대 개봉(開封)의 유대인

명조(明朝, 1368-1644) : 개봉(Kaifeng)의 유대사회는 최대로 번성하여 500개 이상의 가문이 있었고 4, 5천명의 인구에 달하였다.

그들은 과거를 통해 중앙 정부 관리가 되기도 하였으나, 17세기 이후 외부와 연결이 끊긴 유대사회는 19세기 중반에 회당도 랍비도 거의 폐허가 되어버렸으며, 결국 중국 문화에 흡수되어 버렸다.

3) 역사를 기록하여 뿌리를 알게 해야 한다.

2. 지파들의 족보(대상 1-7장)

1) 유다 지파의 족보

이스라엘의 아들은 이러하니 르우벤과 시므온과 레위와 유다와 잇사갈과 스불론과 단과 요셉과 베냐민과 납달리와 갓과 아셀이더라 유다의 아들은 에르와 오난과 셀라니 이 세 사람은 가나안 사람 수아의 딸이 유다에게 낳아 준 자요 유다의 맏아들 에르는 야훼 보시기에 악하였으므로 야훼께서 죽이셨고 유다의 며느리 다말이 유다에게 베레스와 세라를 낳아 주었으니 유다의 아들이 모두 다섯이더라(대상 2:1-4).

2) 다른 지파들의 족보

이스라엘의 장자 르우벤의 아들들은 이러하니라 (르우벤은 장자라도 그의 아버지의 침상을 더럽혔으므로 장자의 명분이 이스라엘의 아들 요셉의 자손에게로 돌아가서 족보에 장자의 명분대로 기록되지 못하였느니라 유다는 형제보다 뛰어나고 주권자가 유다에게서 났으나 장자의 명분은 요셉에게 있으니라)(대상 5:1-2).

3. 사울의 족보(대상 8-9장)

넬은 기스를 낳고 기스는 사울을 낳고 사울은 요나단과 말기수아와 아비나답과 에스바알을 낳았으며(대상 8:33).

Ⅳ. 다윗의 통치(대상 10-29장)

1. 귀환 백성들의 사명

1) 정치적 독립이 되지 않은 상태

2) 민족적 긍지와 자부심을 갖고 살아갈 길은 하나님 예배의 삶

민족의 영웅인 다윗이 하나님을 예배한 것이 강조됨

2. 다윗의 업적

1) 성전 건축을 준비하는 다윗

역대상에서 다윗의 통치 이야기를 길게 서술하고 있는 것은 예루살렘을 중심으로 한 그의 하나님을 향한 예배 때문이다.

다윗이 솔로몬에게 이르되 내 아들아 나는 내 하나님 야훼의 이름을 위하여 성전을 건축할 마음이 있었으나 야훼의 말씀이 내게 임하여 이르시되 너는 피를 심히 많이 흘렸고 크게 전쟁하였느니라 네가 내 앞에서 땅에 피를 많이 흘렸은즉 내 이름을 위하여 성전을 건축하지 못하리라(대상 22:7-8).

2) 제의의 틀을 만드는 다윗

법궤의 봉헌, 성전 건축 계획, 레위인 조직 등

다윗이 엘르아살의 자손 사독과 이다말의 자손 아히멜렉과 더불어 그들을 나누어 각각 그 섬기는 직무를 맡겼는데(대상 24:3).

3) 다윗의 죄와 허물이 가려짐

다윗의 밧세바와의 죄는 언급되지 않고, 인구조사를 통한 죄도 성전부지의 확보라는 축복으로 승화되어 있다.

Ⅴ. 인과응보를 넘어 용서와 긍휼을 강조

1. 역대기는 하나님의 긍휼과 은혜로 인생의 허물을 가리고 있다.

1) 포로의 심판의 상처를 받은 귀환 백성을 용서하시는 하나님이 부각됨

2) 상하고 찢긴 심령들에게 새로운 삶의 용기와 소망을 주기 위한 것

2. 제사장적 관점의 기록

1) 예배 중심

제사제도와 레위인에 대한 활동을 중심으로 기록하였다. 이는 귀환 공동체가 예배 중심의 삶으로 나아가야 한다는 것을 의미한다.

2) 예언자의 활동에 무관심

사무엘상·하와 열왕기상·하가 심판과 책망의 예언자적 관점에서 쓰여졌다면, 역대상·하는 위로와 용서의 제사장적 관점에서 쓰여졌다는 것이 대조된다.

Ⅵ. 나가는 말

흘러가는 역사는 어느 시대 어느 민족에게도 있다. 그러나 역사의식이 뚜렷한 민족은 많지 않다. 역사의식이 없거나 잘못된 민족에게는 내일이 없다. 역대기 역사는 포로 귀환공동체의 나아갈 길을 제시해주기 위해 새로운 역사를 기술하여 신앙공동체로서의 민족의식을 고취시키고 있다.

역대하

왕이 사람을 보내어 유다와 예루살렘의 모든 장로를 불러 모으고 야훼의 전에 올라가매 유다 모든 사람과 예루살렘 주민들과 제사장들과 레위 사람들과 모든 백성이 노소를 막론하고 다 함께 한지라 왕이 야훼의 전 안에서 발견한 언약책의 모든 말씀을 읽어 무리의 귀에 들려 주고 왕이 자기 처소에 서서 야훼 앞에서 언약을 세우되 마음을 다하고 목숨을 다하여 야훼를 순종하고 그의 계명과 법도와 율례를 지켜 이 책에 기록된 언약의 말씀을 이루리라 하고 예루살렘과 베냐민에 있는 자들이 다 여기에 참여하게 하매 예루살렘 주민이 하나님 곧 그의 조상들의 하나님의 언약을 따르니라 이와 같이 요시야가 이스라엘 자손에게 속한 모든 땅에서 가증한 것들을 다 제거하여 버리고 이스라엘의 모든 사람으로 그들의 하나님 야훼를 섬기게 하였으므로 요시야가 사는 날에 백성이 그들의 조상들의 하나님 야훼께 복종하고 떠나지 아니하였더라(대하 34:29-33).

Ⅰ. 들어가는 말

사람은 누구나 잊혀진 존재가 되기를 바라지 않는다. 그래서 돈과 명예와 권력을 통해 이름을 떨치려하고 죽어서도 화려한 무덤을 남기려 하는지 모른다. 그럼에도 불구하고 세월은 사람들을 잊히게 한다. 그러나 한 국가의 흥망성쇠가 다 잊힌바 되는 일은 흔치 않은 일이요, 더구나 영원하신 하나님 앞에서 "지워져버린 역사"를 가진다는 것은 진정 놀라지 않을 수 없다.

Ⅱ. 지워진 북왕국의 역사

1. 역대기 기자의 단호한 태도

역대하는 지워져버린 역사를 담고 있다. 분명히 다윗과 솔로몬 제국은 남 · 북왕국으로 나눠졌고, 남왕국은 유다와 베냐민의 두 지파만을 다스렸는데도 열 지파를 소유한 북왕국의 역사를 기록하지 않고 있는 것이다. 그 이유는 간단하다. 북왕국은 하나님을 섬기고 예배드린 국가가 아니었다는 것이다.

2. 하나님의 길을 가지 않은 인생의 무가치함

역대기의 관점에 의하면 하나님께 예배드리지 않은 개인과 국가는 무가치한 시간을 보낸 것임을 통렬히 지적하고 있다.

Ⅲ. 솔로몬의 통치(대하 1-9장)

1. 하나님께 순종함으로 복을 받은 솔로몬

일천 번제를 드림으로 지혜를 얻게 되었고, 부와 귀를 겸하여 받게 되었다.

2. 성전 봉헌의 삼중축복

하나님의 임재의 축복과 죄사함의 축복과 땅을 고치는 형통의 축복들을 약속하셨다.

내 이름으로 일컫는 내 백성이 그들의 악한 길에서 떠나 스스로 낮추고 기도하여 내 얼굴을 찾으면 내가 하늘에서 듣고 그들의 죄를 사하고 그들의 땅을 고칠지라(대하 7:14).

3. 솔로몬의 번영

솔로몬이 하나님 성전을 성공적으로 건축한 후 그의 국가는 번영하였고 뭇 나라들의 선망의 대상이 되었다. 저 멀리 아라비아 남단에 있는 스바의 여왕까지 찾아와 솔로몬의 영광을 보고 하나님을 송축하였다.

Ⅳ. 유다왕국 왕들의 4차의 종교개혁(대하 10-36장)

1. 아사왕의 종교개혁(대하 14-15장)

구스 세라의 공격을 물리치는 복을 받음(대하 14:11-12)

아사가 그의 하나님 야훼 보시기에 선과 징의를 행하여 이방 제단과 산당을 없애고 주상을 깨뜨리며 아세라 상을 찍고(대하 14:2-3).

2. 요아스의 종교개혁(대하 23-24장)

1) 북왕국 아합과 결혼동맹을 맺은 유다의 여호사밧왕

2) 극심해진 바알 숭배

여호람이 왕위에 오를 때에 나이가 삼십이 세라 예루살렘에서 팔 년 동안 다스리니라 그가 이스라엘 왕들의 길로 행하여 아합의 집과 같이 하였으니 이는 아합의 딸이 그의 아내가 되었음이라 그가 야훼 보시기에 악을 행하였으나(대하 21:5-6).

3) 요아스왕이 제사장 여호야다의 힘을 빌어 종교개혁을 시도함

여호야다가 자기와 모든 백성과 왕 사이에 언약을 세워 야훼의 백성이 되리라 한지라 온 국민이 바알의 신당으로 가서 그 신당을 부수고 그의 제단들과 형상들을 깨뜨리고 그 제단 앞에서 바알의 제사장 맛단을 죽이니라(대하 23:16-17).

3. 히스기야왕의 종교개혁(대하 29-31장)

1) 아하스왕의 불신과 우상숭배

아하스가 왕위에 오를 때에 나이가 이십 세라 예루살렘에서 십육 년 동안 다스렸으나 그의 조상 다윗과 같지 아니하여 야훼 보시기에 정직하게 행하지 아니하고 이스라엘 왕들의 길로 행하여 바알들의 우상을 부어 만들고(대하 28:1-2).

2) 히스기야와 선지자 이사야의 개혁

히스기야가 그의 조상 다윗의 모든 행실과 같이 야훼 보시기에 정직하게 행하여 첫째 해 첫째 달에 야훼의 전 문들을 열고 수리하고 제사장들과 레위 사람들을 동쪽 광장에 모으고 그들에게 이르되 레위 사람들아 내 말을 들으라 이제 너희는 성결하게 하고 또 너희 조상들의 하나님 야훼의 전을 성결하게 하여 그 더러운 것을 성소에서 없애라(대하 29:2-5).

4. 요시야의 종교개혁(대하 34-35장)

1) 므낫세의 우상숭배

므낫세가 왕위에 오를 때에 나이가 십이 세라 예루살렘에서 오십오 년 동안 다스리며 야훼 보시기에 악을 행하여 야훼께서 이스라엘 자손 앞에서 쫓아내신 이방 사람들의 가증한 일을 본받아(대하 33:1-2).

2) 요시야 왕이 율법책에 의해 개혁을 시도함

서기관 사반이 또 왕에게 아뢰어 이르되 제사장 힐기야가 내게 책을 주더이다 하고 사반이 왕 앞에서 그것을 읽으매 왕이 율법의 말씀을 듣자 곧 자기 옷을 찢더라(대하 34:18-19).

5. 유다왕국의 멸망과 희망

1) 유다의 죄악

그의 백성이 하나님의 사신들을 비웃고 그의 말씀을 멸시하며 그의 선지자를 욕하여 야훼의 진노를 그의 백성에게 미치게 하여 회복할 수 없게 하였으므로(대하 36:16).

2) 예레미야의 70년 예언

이에 토지가 황폐하여 땅이 안식년을 누림 같이 안식하여 칠십 년을 지냈으니 야훼께서 예레미야의 입으로 하신 말씀이 이루어졌더라(대하 36:21).

V. 나가는 말

역대하는 희망의 책이다. 유다 백성들은 바사왕 고레스 원년에 포로에서 풀려나게 되었다. 역대기는 열왕기에는 없는 포로 해방령을 기록하고 있는데, 그 해방령은 성전 건축을 위한 것임을 분명히 밝힘으로써 내일의 희망과 사명을 전해준다.

에스라

이 에스라가 바벨론에서 올라왔으니 그는 이스라엘의 하나님 야훼께서 주신 모세의 율법에 익숙한 학자로서 그의 하나님 야훼의 도우심을 입음으로 왕에게 구하는 것은 다 받는 자이더니 아닥사스다 왕 제칠년에 이스라엘 자손과 제사장들과 레위 사람들과 노래하는 자들과 문지기들과 느디님 사람들 중에 몇 사람이 예루살렘으로 올라올 때에 이 에스라가 올라왔으니 왕의 제칠년 다섯째 달이라 첫째 달 초하루에 바벨론에서 길을 떠났고 하나님의 선한 손의 도우심을 입어 다섯째 달 초하루에 예루살렘에 이르니라 에스라가 야훼의 율법을 연구하여 준행하며 율례와 규례를 이스라엘에게 가르치기로 결심하였었더라(스 7: 6-10).

Ⅰ. 들어가는 말

바사 왕 아닥사스다가 다스릴 때 제사장 아론의 후손이며 율법에 익숙한 학사인 에스라가 바벨론에서 예루살렘으로 귀환하였다. 에스라는 제2차 포로 귀환의 중심인물인데 자신의 활동을 기록하기에 앞서 제1차 귀환 과정을 서술하고 있다. 이러한 시대적 차이에 의해서 에스라는 1부(스 1-6장)와 2부(스 7-10장)로 나눠진다.

Ⅱ. 바벨론 포로에서의 1차 귀환(스 1-2장)

1. 고레스의 귀환령

바사왕 고레스 원년에 내려진 포로 귀환령으로 시작되는 에스라서는 포로 귀환이 예레미야를 통해 예언하신 하나님의 말씀대로 성취되었음을 명백히 밝히고 있다.

> 바사 왕 고레스는 말하노니 하늘의 하나님 야훼께서 세상 모든 나라를 내게 주셨고 나에게 명령하사 유다 예루살렘에 성전을 건축하라 하셨나니(스 1:2).

2. 민족과 국가를 섭리하는 하나님

하나님 백성들의 일어서고 넘어지는 모든 것은 하나님의 주권적 역사에 의한 것이지 결코 단순한 국제정세의 변화에 따른 것이 아니다.

> 옛적에 바벨론 왕 느부갓네살에게 사로잡혀 바벨론으로 갔던 자들의 자손들 중에서 놓임을 받고 예루살렘과 유다 도로 돌아와 각기 각자의 성읍으로 돌아간 자(스 2:1).

Ⅲ. 성전 재건(스 3-6장)

1. 귀환의 목적

하나님께서 포로로 잡혀갔던 이스라엘 자손들을 돌아오게 하신 까닭이 무엇일까? 이미 역대하에서도 살펴본 바와 같이 그것은 백성들이 우상숭배의 죄악에서 돌아서서 하나님만 섬기게 하려는데 있었다. 이 때문에 포로에서 돌아온 백성들이 성전을 중심으로 한 종교공동체로 형성될 수밖에 없었다.

2. 야훼 예배의 회복

1) 종교적 자유를 얻은 귀환 백성

유다 백성들은 정치적으로 여전히 바사국의 지배를 받고 있었지만 하나님을 섬기는 자유를 얻었다.

> 일곱째 달 초하루부터 비로소 야훼께 번제를 드렸으나 그 때에 야훼의 성전 지대는 미처 놓지 못한지라(스 3:6).

2) 성전 재건의 어려움

4만여 귀환 백성들은 곧 종교공동체 형성의 구심점이 될 성전 건축을 시작하였다. 그러나 사마리아인들의 반대로 기초 공사 후 약 15년 동안 건축이 중단되었고, 이로 인한 재앙이 다가오자 하나님께서는 선지자 학개와 스가랴를 보내어 성전 건축을 독려하였다(주전 520년).

> 야훼의 말씀이 선지자 학개에게 임하여 이르시되 이 성전이 황폐하였거늘 너희가 이 때에 판벽한 집에 거주하는 것이 옳으냐(학 1:3-4).

3) 제2 성전의 봉헌(The Second Temple Period)

다리오왕 때에 성전 건축이 다시 시작되어 주전 515년 3월 성전 봉헌식을 거행하였고, 유월절과 무교절을 시킴으로 하나님의 구원의 은총을 감사하였다.

> 다리오 왕 제육년 아달월 삼일에 성전 일을 끝내니라 이스라엘 자손과 제사장들과 레위 사람들과 기타 사로잡혔던 자의 자손이 즐거이 하나님의 성전

봉헌식을 행하니(스 6:15-16).

Ⅳ. 바벨론 포로에서의 2차 귀환(스 7-10장)

1. 에스라의 귀환

성전을 봉헌한 후 약 60년의 세월이 지난 후 제사장겸 학사 에스라가 귀환하였다(주전 458년). 에스라가 바벨론에 머무르다가 야훼의 율법을 연구하여 준행하며 율례와 규례를 이스라엘에게 가르치기로 결심하고 귀환한 것이다.

2. 믿음에 의한 귀환 과정

1) 아닥사스다왕 7년(주전 758년)의 귀환

이 에스라가 올라왔으니 왕의 제칠년 다섯째 달이라첫째 달 초하루에 바벨론에서 길을 떠났고 하나님의 선한 손의 도우심을 입어 다섯째 달 초하루에 예루살렘에 이르니라(스 7:8-9).

2) 귀환자 명단

아닥사스다 왕이 왕위에 있을 때에 나와 함께 바벨론에서 올라온 족장들과 그들의 계보는 이러하니라(스 8:1).

3. 귀환 백성들의 생활 문제

1) 꿈을 가지고 돌아왔으나 현실은 암담했다.

어떤 사람은 말하기를 우리와 우리 자녀가 많으니 양식을 얻어 먹고 살아야 하겠다 하고 어떤 사람은 말하기를 우리가 밭과 포도원과 집이라도 저당 잡히고 이 흉년에 곡식을 얻자 하고 어떤 사람은 말하기를 우리는 밭과 포도원으로 돈을 빚내서 왕에게 세금을 바쳤도다(느 5:2-4).

2) 다음 세대의 희망으로 살아야 한다. 당대의 고난으로 절망해 버리면, 내일이 없고 결국 민족이 사라진다.

4. 이방 여인들과의 결혼 문제

1) 에스라의 탄식과 회개

그들의 딸을 맞이하여 아내와 며느리로 삼아 거룩한 자손이 그 지방 사람들과 서로 섞이게 하는데 방백들과 고관들이 이 죄에 더욱 으뜸이 되었다 하는지라 내가 이 일을 듣고 속옷과 겉옷을 찢고 머리털과 수염을 뜯으며 기가 막혀 앉으니(스 9:2-3).

2) 백성들의 결단

귀환공동체의 신앙생활에 여러 문제가 있었지만, 가장 두드러진 것은 이방 여인들과의 결혼 문제였다. 이방 여인들을 아내나 며느리로 취하는 것이 엄청난 죄악으로 여겨진 까닭은 이방 여인들로 말미암아 우상숭배가 이스라엘에 만연되었기 때문이었다. 그러므로 에스라는 백성들과 언약을 세우고 이방 아내들을 다 내어보내고 속건제를 드려 회개하였던 것이다.

제사장 에스라가 일어나 그들에게 이르되 너희가 범죄하여 이방 여자를 아내로 삼아 이스라엘의 죄를 더하게 하였으니 이제 너희 조상들의 하나님 앞에서 죄를 자복하고 그의 뜻대로 행하여 그 지방 사람들과 이방 여인을 끊어버리라 하니 모든 회중이 큰 소리로 대답하여 이르되 당신의 말씀대로 우리가 마땅히 행할 것이니이다(스 10:10-12).

V. 나가는 말

에스라서는 두 가지 사실에 초점이 맞춰져 있다. 하나는 성전을 중심으로 귀환 백성들의 종교공동체를 형성하는 일이요, 다른 하나는 이방 풍습과 우상숭배를 완전히 벗어버리고 신앙의 순수성을 유지케 하는 일이었다.

느헤미야

이 후에 므헤다벨의 손자 들라야의 아들 스마야가 두문불출 하기로 내가 그 집에 가니 그가 이르기를 그들이 너를 죽이러 올 터이니 우리가 하나님의 전으로 가서 외소 안에 머물고 그 문을 닫자 저들이 반드시 밤에 와서 너를 죽이리라 하기로 내가 이르기를 나 같은 자가 어찌 도망하며 나 같은 몸이면 누가 외소에 들어가서 생명을 보존하겠느냐 나는 들어가지 않겠노라 하고 깨달은즉 그는 하나님께서 보내신 바가 아니라 도비야와 산발랏에게 뇌물을 받고 내게 이런 예언을 함이라 그들이 뇌물을 준 까닭은 나를 두렵게 하고 이렇게 함으로 범죄하게 하고 악한 말을 지어 나를 비방하려 함이었느니라 내 하나님이여 도비야와 산발랏과 여선지 노아다와 그 남은 선지자들 곧 나를 두렵게 하고자 한 자들의 소행을 기억하옵소서 하였노라 성벽 역사가 오십이 일 만인 엘룰월 이십오일에 끝나매 우리의 모든 대적과 주위에 있는 이방 족속들이 이를 듣고 다 두려워하여 크게 낙담하였으니 그들이 우리 하나님께서 이 역사를 이루신 것을 앎이니라(느 6:10-16).

Ⅰ. 들어가는 말

원래 히브리어 원전에서는 에스라서와 느헤미야서가 한 권의 책으로 묶여 있다. 그것은 두 사람이 거의 같은 시대에 같은 사역을 수행했기 때문이다. 이러므로 두 책의 기록 목적이나 중심 사상은 서로 밀접한 연관성과 통일성을 보이고 있다.

Ⅱ. 느헤미야의 귀환(느 1:1-2:10)

1. 느헤미야의 신분

주여 구하오니 귀를 기울이사 종의 기도와 주의 이름을 경외하기를 기뻐하는 종들의 기도를 들으시고 오늘 종이 형통하여 이 사람 앞에서 은혜를 입게 하옵소서 하였나니 그 때에 내가 왕의 술 관원이 되었느니라(느 1:11).

2. 3차 포로 귀환

느헤미야는 에스라보다 13년 늦은 아닥사스다왕 20년(주전 445년)에 제3차 귀환민들을 이끌고 예루살렘에 귀환한 행정가요 정치가이다.

3. 귀환 목적

느헤미야는 에스라의 영적 각성운동을 행정적으로 지원해줌으로써 보다 능률적으로 종교공동체를 형성할 수 있게 하였다. 그는 먼저 제3차 귀환민들의 주된 관심사였던 예루살렘 성벽 건축을 수행하였다.

Ⅲ. 예루살렘 성벽 건축(느 2:11-7:73)

1. 고난을 두려워하지 않는 꿈이 있는 지도자

1) 느헤미야는 폐허가 된 예루살렘성을 재건하려는 뜻을 갖고 귀환하자마자 무너진 성벽을 돌아보고 곧 바로 재건 사업을 시작하였다.

후에 그들에게 이르기를 우리가 당한 곤경은 너희도 보고 있는 바라 예루살렘이 황폐하고 성문이 불탔으니 자, 예루살렘 성을 건축하여 다시 수치를 당하지 말자 하고(느 2:17).

2) 느헤미야는 편안한 바사의 궁중 생활에 안주하지 않았다.

모세와 같이 고난에 참여하는 믿음과 헌신이 있었다.

도리어 하나님의 백성과 함께 고난 받기를 잠시 죄악의 낙을 누리는 것보다 더 좋아하고 그리스도를 위하여 받는 수모를 애굽의 모든 보화보다 더 큰 재물로 여겼으니 이는 상 주심을 바라봄이라(히 11:25-26).

2. 성벽 건축의 방해

1) 하나님의 일을 하는데도 방해가 있다.

예루살렘의 안정과 번영을 시기한 사마리아인들을 비롯한 대적들이 건축을 방해하였다.

2) 기도와 실천을 병행한 신앙행정가

방해가 있을 때마다 느헤미야는 꿇어 엎드려 기도하였고, 한편으로는 군 병력을 동원하고 인부들도 무장시켜 성벽 재건의 고삐를 늦추지 않았다.

그 때로부터 내 수하 사람들의 절반은 일하고 절반은 갑옷을 입고 창과 방패와 활을 가졌고 민장은 유다 온 족속의 뒤에 있었으며 성을 건축하는 자와 짐을 나르는 자는 다 각각 한 손으로 일을 하며 한 손에는 병기를 잡았는데

(느 4:16-17).

3. 성벽 건축 완성

1) 계속되는 고통

성벽을 건축하는 동안 역경은 그치지 않고 흉년이 드는 자연재앙이 있었다. 주의 일에 헌신할 때 하늘이 돕지 않는 것처럼 보일 때도 있다.

어떤 사람은 말하기를 우리가 밭과 포도원과 집이라도 저당 잡히고 이 흉년에 곡식을 얻자 하고(느 5:3).

2) 사회제도상의 문제인 과중한 세금에 대한 희생과 헌신(苛政猛於虎也)

또한 유다 땅 총독으로 세움을 받은 때 곧 아닥사스다 왕 제이십년부터 제삼십이년까지 십이 년 동안은 나와 내 형제들이 총독의 녹을 먹지 아니하였느니라(느 5:14).

3) 방해자들의 두려움을 극복함

성전은 목숨을 걸고서라도 세워야 한다.

내가 이르기를 나 같은 자가 어찌 도망하며 나 같은 몸이면 누가 외소에 들어가서 생명을 보존하겠느냐 나는 들어가지 않겠노라 하고 깨달은즉 그는 하나님께서 보내신 바가 아니라 도비야와 산발랏에게 뇌물을 받고 내게 이런 예언을 함이라(느 6:11-12).

4) 성벽 역사가 끝남

성벽 역사가 오십이 일 만인 엘룰월 이십오일에 끝나매 우리의 모든 대적과 주위에 있는 이방 족속들이 이를 듣고 다 두려워하여 크게 낙담하였으니 그들이 우리 하나님께서 이 역사를 이루신 것을 앎이니라(느 6:15-16).

Ⅳ. 느헤미야와 에스라의 종교개혁(느 8-13장)

귀환 백성들의 구심점인 예루살렘 성벽의 건축이 완성된 후 느헤미야는 에스라와 함께 종교 부흥 운동을 전개하였다(8-13장). 예루살렘에 성벽을 세움으로 도시다운 도시를 만든 것처럼, 귀환 공동체에 하나님의 말씀을 세움으로써 참다운 영적공동체를 형성하려고 하였던 것이다.

1. 말씀의 부흥운동

학사 에스라가 하나님의 율법을 낭독하고 그 뜻을 깨닫게 해주자 온 백성들이 통회 자복하는 역사가 일어났고, 이러한 모임이 계속되어 금식하고 말씀을 읽으며 기도하는 종교개혁 운동이 진행되었다.

에스라는 첫날부터 끝날까지 날마다 하나님의 율법책을 낭독하고 무리가 이레 동안 절기를 지키고 여덟째 날에 규례를 따라 성회를 열었느니라(느 8:18).

2. 회개한 내용

그들이 특별히 회개하며 하나님께 맹세한 사항들은 이방인들과 결혼하지 않을 것, 안식일을 준수할 것, 성전세와 십일조를 드릴 것, 제단에 땔 나무를 공급할 것, 소출의 첫 열매를 바칠 것 등이다(느 10장).

3. 개혁운동의 후퇴

1) 느헤미야가 잠시 바사로 돌아간 틈을 타서 반개혁 세력이 성전에 침투하였고 백성들의 신앙도 게을러지게 되었다.

2) 다시 돌아와 이런 상황에 접한 느헤미야는 기도하면서 하나씩 하나씩 문제를 해결해 나갔고, 그의 행한 일을 하나님께서 기억해 주시기를 기도함으로 끝맺고 있다(느 13장).

Ⅴ. 나가는 말

느헤미야서는 기도의 위력과 아울러, 제사장과 평신도의 공동사역의 성공적인 모습을 보여준다. 느헤미야는 기도하는 정치가로서 성벽 건축을 통하여 종교공동체의 삶의 터전을 확보했고, 기도하는 평신도로서 에스라와 함께 말씀교육과 십일조 준수 등 종교개혁을 단행함으로써 영적공동체를 견고하게 지속시켰던 것이다.

에스더

에스더가 하닥에게 이르되 너는 모르드개에게 전하기를 왕의 신하들과 왕의 각 지방 백성이 다 알거니와 남녀를 막론하고 부름을 받지 아니하고 안뜰에 들어가서 왕에게 나가면 오직 죽이는 법이요 왕이 그 자에게 금 규를 내밀어야 살 것이라 이제 내가 부름을 입어 왕에게 나가지 못한 지가 이미 삼십 일이라 하라 하니라 그가 에스더의 말을 모르드개에게 전하매 모르드개가 그를 시켜 에스더에게 회답하되 너는 왕궁에 있으니 모든 유다인 중에 홀로 목숨을 건지리라 생각하지 말라 이 때에 네가 만일 잠잠하여 말이 없으면 유다인은 다른 데로 말미암아 놓임과 구원을 얻으려니와 너와 네 아버지 집은 멸망하리라 네가 왕후의 자리를 얻은 것이 이 때를 위함이 아닌지 누가 알겠느냐 하니 에스더가 모르드개에게 회답하여 이르되 당신은 가서 수산에 있는 유다인을 다 모으고 나를 위하여 금식하되 밤낮 삼 일을 먹지도 말고 마시지도 마소서 나도 나의 시녀와 더불어 이렇게 금식한 후에 규례를 어기고 왕에게 나아가리니 죽으면 죽으리이다 하니라 모르드개가 가서 에스더가 명령한 대로 다 행하니라(에 4:10-17).

Ⅰ. 들어가는 말

에스더는 룻기와 더불어 여성이 주인공으로 나타나는 책으로, 두 권 모두 구원에 있어서 여성의 역할의 중요성을 강조하는 특징이 있다. 다만 룻이 한 집안을 구원하는 일을 했다면, 에스더는 유다 민족을 구원하는 일을 하였다.

Ⅱ. 에스더서 개관

1. 명칭

에스더란 별을 의미하는 페르시아어에서 유래되었다. 다니엘서에 보면 "많은 사람을 옳은 데로 돌아오게 한 자는 별과 같이 영원토록 비취리라"고 말씀하였다. 그런데 에스더의 행동이 많은 사람을 생명의 길, 곧 옳은 길로 이끌었기 때문에 정녕 그 이름을 "별"이라고 부를만하다.

2. 부림절의 기원

에스더서는 제비라는 뜻의 '부르'에서 유래된 절기인 부림절의 기원과 의의를 밝혀주려는 목적에서 기록되었다.

> 곧 아각 사람 함므다다의 아들 모든 유다인의 대적 하만이 유다인을 진멸하기를 꾀하고 부르 곧 제비를 뽑아 그들을 죽이고 멸하려 하였으나 에스더가 왕 앞에 나아감으로 말미암아 왕이 조서를 내려 하만이 유다인을 해하려던 악한 꾀를 그의 머리에 돌려보내어 하만과 그의 여러 아들을 나무에 달게 하였으므로 무리가 부르의 이름을 따라 이 두 날을 부림이라 하고 유다인이 이

글의 모든 말과 이 일에 보고 당한 것으로 말미암아(에 9:24-26).

3. 시대 배경

에스더는 페르시아의 아하수에로 왕의 왕비가 되었다. 그때는 남유다왕국이 바벨론에게 멸망되어 포로로 사로잡혀 온지 100여년 지나 새로운 제국인 페르시아가 근동의 온 세계를 다스리고 있었고, 이미 고레스 왕의 포로 해방령으로 상당수의 포로민들이 예루살렘으로 귀환한 때였다.

Ⅲ. 에스더서의 구조

에스더서는 내용구조상 세 개의 잔치로 구성되어 있는데, 각각의 잔치마다 성공자와 실패자가 뚜렷이 부각되는 것이 특징적이다.

1. 수산궁의 잔치(에 1:1-2:23)

1) 아하수에로 왕이 127개 통치지역의 방백과 신복들을 모아 180일 동안 연회를 베푸는 내용을 기록하고 있다.

이 일은 아하수에로 왕 때에 있었던 일이니 아하수에로는 인도로부터 구스까지 백이십칠 지방을 다스리는 왕이라(에 1:1).

2) 다시 7일간의 잔치가 계속될 때 여기에서 잔치로 인해 패망하는 사람은 와스디 왕비이다.

그러나 왕후 와스디는 내시가 전하는 왕명을 따르기를 싫어하니 왕이 진노하여 마음속이 불 붙는 듯하더라(에 1:12).

3) 유다인 모르드개의 사촌 에스더는 왕비가 되는 성공을 얻게 된다.

모르드개의 삼촌 아비하일의 딸 곧 모르드개가 자기의 딸 같이 양육하는 에스더가 차례대로 왕에게 나아갈 때에 궁녀를 주관하는 내시 헤개가 정한 것 외에는 다른 것을 구하지 아니하였으나 모든 보는 자에게 사랑을 받더라(에 2:15).

4) 모르드개는 대궐의 문지기로 근무하면서 왕의 목숨을 살려주는 공로를 세우게 된다.

모르드개가 대궐 문에 앉았을 때에 문을 지키던 왕의 내시 빅단과 데레스 두 사람이 원한을 품고 아하수에로 왕을 암살하려는 음모를 꾸미는 것을 모르드개가 알고 왕후 에스더에게 알리니 에스더가 모르드개의 이름으로 왕에게 아뢴지라 조사하여 실증을 얻었으므로 두 사람을 나무에 달고 그 일을 왕 앞에서 궁중 일기에 기록하니라(에 2:21-23).

2. 에스더의 잔치(에 3:1-7:10)

1) 그 전개 과정을 보면 하만의 교만과 모르드개의 강직함으로 인하여 온 유다 민족을 멸망시키려는 하만의 계교가 왕의 허락을 받게 된다.

하만이 아하수에로 왕에게 아뢰되 한 민족이 왕의 나라 각 지방 백성 중에 흩어져 거하는데 그 법률이 만민의 것과 달라서 왕의 법률을 지키지 아니하오니 용납하는 것이 왕에게 무익하니이다 왕이 옳게 여기시거든 조서를 내려 그들을 진멸하소서 내가 은 일만 달란트를 왕의 일을 맡은 자의 손에 맡겨 왕의 금고에 드리리이다 하니(에 3:8-9).

2) 에스더를 비롯한 유다 민족은 금식하며 하나님께 부르짖는다.

당신은 가서 수산에 있는 유다인을 다 모으고 나를 위하여 금식하되 밤낮 삼 일을 먹지도 말고 마시지도 마소서 나도 나의 시녀와 더불어 이렇게 금식한 후에 규례를 어기고 왕에게 나아가리니 죽으면 죽으리이다 하니라(에 4:16).

3) 금식기도가 하늘에 상달되어 에스더가 왕 앞에 나갈 수 있게 되고, 에스더가 왕을 위해 잔치를 베풀게 된다.

에스더가 이르되 오늘 내가 왕을 위하여 잔치를 베풀었사오니 왕이 좋게 여기시거든 하만과 함께 오소서 하니(에 5:4).

4) 결정적인 전날 밤에 모르드개의 숨은 공로가 밝혀져 왕의 마음이 기울어진다.

그 날 밤에 왕이 잠이 오지 아니하므로 명령하여 역대 일기를 가져다가 자기 앞에서 읽히더니 그 속에 기록하기를 문을 지키던 왕의 두 내시 빅다나와 데레스가 아하수에로 왕을 암살하려는 음모를 모르드개가 고발하였다 하였는지라(에 6:1-2).

5) 에스더의 두 번째 잔치에서 하만은 왕의 진노를 받아 죽음을 당하지만, 에스더는 더욱 왕의 사랑을 입게 되고, 모르드개도 존귀한 영광을 얻는다.

모르드개가 푸르고 흰 조복을 입고 큰 금관을 쓰고 자색 가는 베 겉옷을 입고 왕 앞에서 나오니 수산 성이 즐거이 부르며 기뻐하고(에 8:15).

3. 부림절의 잔치(에 8:1-10:3)

1) 전화위복

유다 민족을 말살하려는 계교가 반대로 뒤바뀌어 오히려 유다 민족이 그 대적을 멸망시키고 기쁨의 축제를 벌이는 내용이 기록되어 있다.

2) 슬픔이 변하여 기쁨이 되고 애통이 변하여 길한 날이 되었다.

이 달 이 날에 유다인들이 대적에게서 벗어나서 평안함을 얻어 슬픔이 변하여 기쁨이 되고 애통이 변하여 길한 날이 되었으니 이 두 날을 지켜 잔치를 베풀고 즐기며 서로 예물을 주며 가난한 자를 구제하라 하매(에 9:22).

Ⅳ. 나가는 말

에스더서에는 야훼나 하나님에 대한 언급이 전혀 없으면서도 그 택하신 백성에 대한 하나님의 보호와 하나님께서 역사를 주관하신다는 신앙이 명백하게 드러나 있다.

비록 유다 백성들이 하나님의 징계를 받고 포로로 잡혀왔을지라도, 고난 가운데 부르짖는 백성의 기도를 하나님은 들으시는 것이다. 또한 인생의 어떠한 지위나 신분도 이러한 하나님의 섭리를 위해 사용되어야 한다는 것이 강조되어 있다(에 4:14).

Part 3.

성문서

욥기

시편

잠언

전도서

아가

욥 기

욥이 대답하여 이르되 오늘도 내게 반항하는 마음과 근심이 있나니 내가 받는 재앙이 탄식보다 무거움이라 내가 어찌하면 하나님을 발견하고 그의 처소에 나아가랴 어찌하면 그 앞에서 내가 호소하며 변론할 말을 내 입에 채우고 내게 대답하시는 말씀을 내가 알며 내게 이르시는 것을 내가 깨달으랴 그가 큰 권능을 가지시고 나와 더불어 다투시겠느냐 아니로다 도리어 내 말을 들으시리라 거기서는 정직한 자가 그와 변론할 수 있은즉 내가 심판자에게서 영원히 벗어나리라 그런데 내가 앞으로 가도 그가 아니 계시고 뒤로 가도 보이지 아니하며 그가 왼쪽에서 일하시나 내가 만날 수 없고 그가 오른쪽으로 돌이키시나 뵈올 수 없구나 그러나 내가 가는 길을 그가 아시나니 그가 나를 단련하신 후에는 내가 순금 같이 되어 나오리라(욥 23:1-10).

Ⅰ. 들어가는 말

시작과 끝 중에 하나를 선택하라고 하면, 끝이 좋은 것을 선택할 사람들이 많을 것이다. 셰익스피어는 "끝이 좋으면 모든 것이 좋다"고 말했다. 그렇지만 욥과 같이 처절한 고난을 경험하는 것은 그 끝이 아무리 좋다고 할지라도 선뜻 응할 사람이 없을 것이다.

Ⅱ. 욥기의 특징

1. 이중적 형식

욥기는 여러 가지 면에서 이중적인 성격을 가진 독특한 책이다. 우선 서론 부분(욥 1-2장)에서 하나님과 사탄이 대조를 이루고 있다. 또한 처음과 끝 부분은 산문체로 중간 부분은 운문체로 되어 있고, 형식적으로는 시가서에 속하지만 내용적으로는 지혜서에 속하는 이중형태가 나타난다.

2. 이중적 내용

1) 욥의 상태에 있어서 평강의 욥과 고난의 욥의 모습이 대조된다.

2) 욥의 신앙적인 모습도 하나님을 경외하는 자와 하나님께 항변하고 저항하는 인간으로 묘사된다.

3) 하나님의 불가사의(不可思議)한 양면성도 나타난다.

하나님은 욥에게 다가오는 재앙을 사탄으로부터 직접 통제하시는 절대주권자로서 모든 일에 관여하시는 모습이 나타나는 반면, 절규하는 욥에게 털끝만큼의 암시도 주시지 않는 침묵이 하나님으로 나타나고 있다.

Ⅲ. 욥과 세 친구의 대화(욥 3-31장)

1. 전통적 고난관

전통적으로 고난은 죄로 인해 온다고 믿어져 왔고, 약간의 차이는 있지만 욥의 세 친구의 주장은 전통적인 견해를 반영한다. 그런 견해들을 반박하는 욥과 친구들과의 세 번에 걸친 대화가 3장에서 31장까지 욥기의 대부분을 구성하고 있다.

1) 엘리바스의 주장

생각하여 보라 죄 없이 망한 자가 누구인가 정직한 자의 끊어짐이 어디 있는가 내가 보건대 악을 밭 갈고 독을 뿌리는 자는 그대로 거두나니(욥 4:7-8).

2) 빌닷의 주장

하나님이 어찌 정의를 굽게 하시겠으며 전능하신 이가 어찌 공의를 굽게 하시겠는가 네 자녀들이 주께 죄를 지었으므로 주께서 그들을 그 죄에 버려두셨나니(욥 8:3-4).

3) 소발의 주장

네 말에 의하면 내 도는 정결하고 나는 주께서 보시기에 깨끗하다 하는구나 하나님은 말씀을 내시며 너를 향하여 입을 여시고 지혜의 오묘함으로 네게 보이시기를 원하노니 이는 그의 지식이 광대하심이라 하나님께서 너로 하여금 너의 죄를 잊게 하여 주셨음을 알라(욥 11:4-6).

2. 욥기의 새로운 고난관

1) 욥은 무죄를 주장함으로써 전통적 고난관에 대한 반격을 시도한다.

너희는 돌이켜 행악자가 되지 말라 아직도 나의 의가 건재하니 돌아오라 내

혀에 어찌 불의한 것이 있으랴 내 미각이 어찌 속임을 분간하지 못하랴(욥 6:29-30).

2) 그럼에도 불구하고 욥은 하나님의 징계를 이해하지 못하고 괴로워한다.

그가 폭풍으로 나를 치시고 까닭 없이 내 상처를 깊게 하시며 나를 숨 쉬지 못하게 하시며 괴로움을 내게 채우시는구나 힘으로 말하면 그가 강하시고 심판으로 말하면 누가 그를 소환하겠느냐(욥 9:17-19).

3) 욥은 친구들이 이해해주지 못함을 안타깝게 생각한다.

나의 가까운 친구들이 나를 미워하며 내가 사랑하는 사람들이 돌이켜 나의 원수가 되었구나 내 피부와 살이 뼈에 붙었고 남은 것은 겨우 잇몸 뿐이로구나 나의 친구야 너희는 나를 불쌍히 여겨다오 나를 불쌍히 여겨다오 하나님의 손이 나를 치셨구나 너희가 어찌하여 하나님처럼 나를 박해하느냐 내 살로도 부족하냐(욥 19:19-22).

4) 고난을 통하여 우리 인생이 단련되고 순결해지는 것을 말한다.

그러나 내가 가는 길을 그가 아시나니 그가 나를 단련하신 후에는 내가 순금 같이 되어 나오리라(욥 23:10).

Ⅳ. 엘리후의 등장(욥 32-37장)

1. 겸손하지 않은 욥에 대한 엘리후의 분노

람 종족 부스 사람 바라겔의 아들 엘리후가 화를 내니 그가 욥에게 화를 냄은 욥이 하나님보다 자기가 의롭다 함이요 또 세 친구에게 화를 냄은 그들이 능히 대답하지 못하면서도 욥을 정죄함이라(욥 32:2-3).

2. 인간이 인간을 설복시키지 못한다.

나와 그대가 하나님 앞에서 동일하니 나도 흙으로 지으심을 입었은즉 내 위엄으로는 그대를 두렵게 하지 못하고 내 손으로는 그대를 누르지 못하느니라(욥 33:6-7).

3. 하나님은 인간을 초월하여 계신다.

그대는 하늘을 우러러보라 그대보다 높이 뜬 구름을 바라보라 그대가 범죄한들 하나님께 무슨 영향이 있겠으며 그대의 악행이 가득한들 하나님께 무슨 상관이 있겠으며 그대가 의로운들 하나님께 무엇을 드리겠으며 그가 그대의 손에서 무엇을 받으시겠느냐 그대의 악은 그대와 같은 사람에게나 있는 것이요 그대의 공의는 어떤 인생에게도 있느니라(욥 35:5-8).

4. 고난을 통해 귀가 열리는 은혜

에서 자손 중 족장은 이러하니라 에서의 장자 엘리바스의 자손으로는 데만 족장, 오말 족장, 스보 족장, 그나스 족장과 고라 족장, 가담 족장, 아말렉 족장이니 이들은 에돔 땅에 있는 엘리바스의 족장들이요 이들은 아다의 자손이며(욥 36:15-16).

V. 하나님의 나타나심(욥 38-41장)

1. 하나님이 창조주이시다.

하나님께서는 우주 삼라만상의 창조를 말씀하심으로 하나님의 창조주 되심과 욥의 피조성을 깨닫게 하신다. 인생에게 행하시는 하나님의 절대선(絶對善)에 겸허함으로 순종해야 함을 가르쳐 주셨다.

너는 대장부처럼 허리를 묶고 내가 네게 묻겠으니 내게 대답할지니라 네가 내 공의를 부인하려느냐 네 의를 세우려고 나를 악하다 하겠느냐 네가 하나님처럼 능력이 있느냐 하나님처럼 천둥 소리를 내겠느냐(욥 40:7-9).

2. 이제도 일하신다.

욥이 침묵하시는 하나님을 원망할 때에도 여전히 하나님께서는 자연 가운데 역사하시고 계셨다.

까마귀 새끼가 하나님을 향하여 부르짖으며 먹을 것이 없어서 허우적거릴 때에 그것을 위하여 먹이를 마련하는 이가 누구냐(욥 38:41).

Ⅵ. 나가는 말

욥은 하나님의 위엄과 자신의 비천함을 깨닫고 지극히 작고 보잘것 없는 자기의 의를 내세운 자신의 어리석음을 한탄하고 회개하였다(욥 42:1-6). 이에 하나님께서는 욥의 곤경을 돌이키시고 그에게 갑절의 복을 내려주셨다(욥 42:7-17).

욥기를 통해서 우리는 고난이 반드시 죄로부터 오는 것은 아니라는 사실을 알아야 한다. 또한 고난을 가져오는 사탄의 능력의 한계성과 어떠한 고난에도 지극히 좋으신 하나님을 믿고 깨달아야 한다.

시 편

야훼여 어느 때까지니이까 나를 영원히 잊으시나이까 주의 얼굴을 나에게서 어느 때까지 숨기시겠나이까 나의 영혼이 번민하고 종일토록 마음에 근심하기를 어느 때까지 하오며 내 원수가 나를 치며 자랑하기를 어느 때까지 하리이까 야훼 내 하나님이여 나를 생각하사 응답하시고 나의 눈을 밝히소서 두렵건대 내가 사망의 잠을 잘까 하오며 두렵건대 나의 원수가 이르기를 내가 그를 이겼다 할까 하오며 내가 흔들릴 때에 나의 대적들이 기뻐할까 하나이다 나는 오직 주의 사랑을 의지하였사오니 나의 마음은 주의 구원을 기뻐하리이다 내가 야훼를 찬송하리니 이는 주께서 내게 은덕을 베푸심이로다(시 13:1-6).

Ⅰ. 들어가는 말

시편은 이스라엘 백성들이 하나님께 드린 찬양의 노래들이다. 히브리어로 시편을 '테힐림' 이라고 하는데, 그 뜻은 '찬양' 이란 말이다.

시편은 총 150편인데, 그 가운데 절반에 가까운 73편에 이스라엘의 노래 잘하는 자인 다윗의 시라는 부제가 붙어있다. 그 나머지는 고라 자손과 아삽, 솔로몬, 모세 등이 지은 것으로 되어 있다.

시편 13편은 대표적인 탄식시이다. 인생에는 탄식이 많지만, 탄식으로 일생을 보내서는 안된다. 탄식할지라도 다시 회복되고, 내일에 대한 소망을 가져야 한다.

Ⅱ. 시편의 특징

1. 구조

시편은 크게 5권으로 구분되는데, 그 까닭은 모세가 5권으로 된 율법을 준 것같이 다윗은 5권으로 된 시편을 주었다고 여겼기 때문이다. 또는 하나님이 모세를 통해 5권의 토라를 주셨으므로 이스라엘 백성들은 찬양과 감사로 5번 하나님을 노래하였다.

시편은 내용적으로 크게 찬양시와 탄식시와 감사시의 세 종류로 구분된다.

2. 시편의 표현 양식

1) 동의적 평행법(The Synonymous Parallelism)

야훼여 주의 장막에 머무를 자 누구오며 주의 성산에 사는 자 누구오니이까 (시 15:1).

2) 반의적 평행법(The Antithetic Parallelism)

무릇 의인들의 길은 야훼께서 인정하시나 악인들의 길은 망하리로다(시 1:6).

3) 종합적 평행법(The Synthetic Parallelism)

채소를 먹으며 서로 사랑하는 것이 살진 소를 먹으며 서로 미워하는 것보다 나으니라(잠 15:17).

4) 답관체(踏冠體)(이합체, Acrostic Psalms)

시편 37, 111, 119편 등

5) 후렴운(Refrain)

136편(그 인자하심이 영원함이로다, כִּי לְעוֹלָם חַסְדּוֹ)

Ⅲ. 시편의 내용 분류

1. 찬양시

1) 맑고 밝은 분위기를 띄고 있으며, "찬양하라"는 명령형의 표현을 하고 있다(시 8, 19, 100, 117편 등).

2) 찬양의 내용은 우주와 만물을 창조하신 창조주 하나님과, 인간의 역사를 주관하고 섭리하시는 역사의 주, 이스라엘을 선택하시고 구원해주시는 구속의 주님을 찬양하는 것 등이다.

주의 손가락으로 만드신 주의 하늘과 주께서 베풀어 두신 달과 별들을 내가 보오니 사람이 무엇이기에 주께서 그를 생각하시며 인자가 무엇이기에 주께서 그를 돌보시나이까(시 8:3-4).

이스라엘이 애굽에서 나오며 야곱의 집안이 언어가 다른 민족에게서 나올 때에 유다는 야훼의 성소가 되고 이스라엘은 그의 영토가 되었도다 바다가 보고 도망하며 요단은 물러갔으니 산들은 숫양들 같이 뛰놀며 작은 산들은 어린 양들 같이 뛰었도다(시 114:1-4).

2. 탄식시

1) 이 시들은 개인탄식시(3, 13, 17편)와 민족탄식시(10, 12, 44편)로 구분된다. 시편 전체의 2/5에 해당하는 약 60편의 시들이 탄식시인 것을 보면 인생의 삶이 얼마나 고난으로 점철되어 있는지 짐작할 수 있다.

2) 이들 시에서는 모두 고난의 언어로 하나님께 대한 슬픈 고백과 탄식조의 기도를 올리고 있다. 고난의 내용은 하나님께 대한 의문점과 원수들로 인한 압제, 질병과 재판, 종말적인 주제에 대한 것들이다.

> 야훼여 어느 때까지니이까 나를 영원히 잊으시나이까 주의 얼굴을 나에게서 어느 때까지 숨기시겠나이까 나의 영혼이 번민하고 종일토록 마음에 근심하기를 어느 때까지 하오며 내 원수가 나를 치며 자랑하기를 어느 때까지 하리이까(시 13:1-2).

> 하나님이여 주께서 우리 조상들의 날 곧 옛날에 행하신 일을 그들이 우리에게 일러 주매 우리가 우리 귀로 들었나이다(시 44:1).

> 그러나 이제는 주께서 우리를 버려 욕을 당하게 하시고 우리 군대와 함께 나아가지 아니하시나이다 주께서 우리를 대적들에게서 돌아서게 하시니 우리를 미워하는 자가 자기를 위하여 탈취하였나이다(시 44:9-10).

3) 탄식시는 끝 부분에 가서 찬양으로 급선회하고 있어서(rapid change of mood), 고난 중에 믿음으로 찬양의 고백을 드리는 신앙인의 모습을 보여준다.

> 나는 오직 주의 사랑을 의지하였사오니 나의 마음은 주의 구원을 기뻐하리이다 내가 야훼를 찬송하리니 이는 주께서 내게 은덕을 베푸심이로다(시 13:5-6).

3. 감사시

개인적으로 고난 가운데 건짐 받은 은총을 감사하는 노래이다(18, 30, 32편 등). 고난이 있기 때문에 구원의 감사가 있는 것이며, 고난이 깊을수록 감사 또한 깊어지는 것이다.

> 내가 이르기를 내 허물을 야훼께 자복하리라 하고 주께 내 죄를 아뢰고 내 죄악을 숨기지 아니하였더니 곧 주께서 내 죄악을 사하셨나이다(셀라) 이로 말미암아 모든 경건한 자는 주를 만날 기회를 얻어서 주께 기도할지라 진실로 홍수가 범람할지라도 그에게 미치지 못하리이다(시 32:5-6).

Ⅳ. 시편의 신학

1. 시편에서 우리는 선하고 인자하신 하나님과 연약하고 죄 된 인간과 하나님의 영광을 드러내는 자연을 본다.

2. 시편의 끝 부분은 이스라엘 백성뿐 아니라 호흡이 있는 모든 사람과 새와 짐승까지도, 심지어 산천초목도 하나님을 찬양하라고 말씀하고 있다. 할렐루야.

> 할렐루야 그의 성소에서 하나님을 찬양하며 그의 권능의 궁창에서 그를 찬양할지어다 그의 능하신 행동을 찬양하며 그의 지극히 위대하심을 따라 찬양할지어다 나팔 소리로 찬양하며 비파와 수금으로 찬양할지어다 소고 치며 춤 추어 찬양하며 현악과 퉁소로 찬양할지어다 큰 소리 나는 제금으로 찬양하며 높은 소리 나는 제금으로 찬양할지어다 호흡이 있는 자마다 야훼를 찬양할지어다 할렐루야(시편 150:1-6).

Ⅴ. 나가는 말

창조주 하나님과 피조물인 인간과 자연의 세 관계는 창조와 구원과 찬양으로 연결되고 있다. 하나님께서는 하늘로부터 햇빛과 비를 내려주셔서 만물을 소성케 하시고, 인간에게 말씀을 해 주셔서 영혼을 소성케 해주신다. 인간을 비롯한 모든 피조물이 이러한 하나님의 은총에 보답하는 길은 찬양뿐이다.

잠 언

게으른 자여 개미에게 가서 그가 하는 것을 보고 지혜를 얻으라 개미는 두령도 없고 감독자도 없고 통치자도 없으되 먹을 것을 여름 동안에 예비하며 추수 때에 양식을 모으느니라 게으른 자여 네가 어느 때까지 누워 있겠느냐 네가 어느 때에 잠이 깨어 일어나겠느냐 좀더 자자, 좀더 졸자, 손을 모으고 좀더 누워 있자 하면 네 빈궁이 강도 같이 오며 네 곤핍이 군사 같이 이르리라(잠 6:6-11).

Ⅰ. 들어가는 말

우리 속담에 "말 한마디로 천냥 빚을 갚는다"는 말이 있다. 이처럼 어떤 어려운 상황에서 간단명료한 한마디 말로 문제를 해결하고 인생을 성공적으로 이끌어가고자 하는 것은 모든 사람의 바람일 것이다. 잠언은 바로 이러한 지혜로운 말들을 담고 있는 책이다.

Ⅱ. 배경

1. 명칭

잠언은 히브리어 성서에서 "미쉴레 쉘로모", 즉 솔로몬의 잠언이라고 한다. 미쉬레는 '비교 대조하다' 라는 뜻을 가진 마샬(mashal, מָשָׁל)에서 나온 단어로 짧고 간결한 지혜의 격언을 말한다.

2. 저자

대부분 솔로몬(שְׁלֹמֹה)에 의해서 말해지거나 집대성되었다. 그밖에 야게의 아들 아굴(잠 30:1)이나 르무엘의 어머니(잠 31:1) 등이 말씀하였다. 역사서에서는 솔로몬의 지혜로운 활동에 대해 언급하고 있다.

> 그가 잠언 삼천 가지를 말하였고 그의 노래는 천다섯 편이며 그가 또 초목에 대하여 말하되 레바논의 백향목으로부터 담에 나는 우슬초까지 하고 그가 또 짐승과 새와 기어다니는 것과 물고기에 대하여 말한지라(왕상 4:32-33).

3. 시대

잠언서의 행복론적이고 긍정적인 교훈은 잠언의 내용이 평화롭고 풍요로운 솔로몬 시대에 작성되었다는 견해를 뒷받침해준다. 풍요와 안정의 시대는 지혜에 대해 낙관적인 모습을 보여주고 있는 것이다. 사람이 노력하는 만큼 대가를 얻을 수 있는 시대상을 반영한다.

반면에 전도서와 같이 뒤집어진 시대에는 의인이 망하고, 충성된 자는 귀양살이 가며, 지혜자는 죽임을 당한다.

내 허무한 날을 사는 동안 내가 그 모든 일을 살펴 보았더니 자기의 의로움에도 불구하고 멸망하는 의인이 있고 자기의 악행에도 불구하고 장수하는 악인이 있으니 지나치게 의인이 되지도 말며 지나치게 지혜자도 되지 말라 어찌하여 스스로 패망하게 하겠느냐(전 7:15-16).

Ⅲ. 잠언의 특징

1. 생활의 경험을 말한다.

히브리어에서 지혜는 이론적이고 비현실적인 성격보다는 경험적이고 실제적인 성격을 갖고 있다. 그래서 실제 생활에서 무엇이 옳고 그르며, 어떤 것을 해야 하고 하지 말아야 하는가를 가르쳐 주는 일종의 생활의 지혜이다.

1) 이웃과 다툴 때에도 남의 은밀한 일은 누설치 말아야 한다.

너는 이웃과 다투거든 변론만 하고 남의 은밀한 일은 누설하지 말라(잠 25:9).

2) 간음하는 자는 끝내 고통 가운데 죽게 된다.

필경은 화살이 그 간을 뚫게 되리라 새가 빨리 그물로 들어가되 그의 생명을 잃어버릴 줄을 알지 못함과 같으니라(잠 7:23).

2. 긍정적인 인간의 모습을 나타낸다.

잠언서에서는 무한한 인간의 가능성을 말씀하고 있다. 이러한 인간은 음녀로부터, 나태와 방종으로부터, 탐식과 음주, 무절제로부터 자신을 다스려 지키고, 하나님을 경외하는 법을 찾아 헤매는 신뢰받는 인간이다. 그리고 그렇게 노력한 만큼 하나님께서 약속하신 행복에 이를 수 있다.

1) 하나님을 찾아다니는 인간

은을 구하는 것 같이 그것을 구하며 감추어진 보배를 찾는 것 같이 그것을 찾으면 야훼 경외하기를 깨달으며 하나님을 알게 되리니(잠 2:4-5).

2) 자신을 절제하는 인간

네가 관원과 함께 앉아 음식을 먹게 되거든 삼가 네 앞에 있는 자가 누구인지를 생각하며 네가 만일 음식을 탐하는 자이거든 네 목에 칼을 둘 것이니라(잠 23:1-2).

3) 지혜로 힘을 삼는 인간

지혜 있는 자는 강하고 지식 있는 자는 힘을 더하나니 너는 전략으로 싸우라 승리는 지략이 많음에 있느니라(잠 24:5-6).

3. 이스라엘의 역사가 언급되고 있지 않다.

성경에는 동적(動的)인 계시와 정적(靜的)인 계시가 있다. 잠언서는 역사적 사건에 나타난 동적인 계시가 나타나지 않는다. 반면에 경험과 사유를 통해 하나님을 이해하는 정적인 계시가 두드러진 책이다. 잠언은 시대를 초월하여 인간의 생활 중에 항상 되새겨 볼 수 있는 내용이 많다.

Ⅳ. 지혜를 얻는 길

1. 가정의 교육

잠언의 경험적 진리는 먼저 가정에서 가르쳐진다. 부모님의 가르침이야말로 자녀들을 성공적 인생으로 인도하는 첫걸음이다.

내 아들아 네 아비의 훈계를 들으며 네 어미의 법을 떠나지 말라(잠 1:8).

2. 이웃의 교육

지혜는 성문에서 말하는 이웃으로부터 얻어진다. 고대 이스라엘 사람들은 성문이나 마을 입구에서 의견을 교환하고 가르침을 주고받았다.

지혜는 너무 높아서 미련한 자가 미치지 못할 것이므로 그는 성문에서 입을 열지 못하느니라(잠 24:7).

3. 전문적인 교육

전문적인 지혜자의 가르침을 받는 것이 진리에 이르는 길이었다.

너는 귀를 기울여 지혜 있는 자의 말씀을 들으며 내 지식에 마음을 둘지어다 이것을 네 속에 보존하며 네 입술 위에 함께 있게 함이 아름다우니라(잠 22:17-18).

Ⅴ. 나가는 말

잠언은 지혜의 근원이신 하나님을 가르친다. 잠언서의 지혜가 모두 인간의 경험적인 지혜를 말하는 것이 아니다. 완전한 지혜는 하나님께로부터 오기 때문에 하나님을 경외하라고 가르친다.

하나님은 지식의 근본이요 지혜의 원천이다. 하나님께서 구하고 찾는 자에게 지혜를 주시되 완전한 지혜를 주신다.

야훼를 경외하는 것이 지혜의 근본이요 거룩하신 자를 아는 것이 명철이니라(잠 9:10).

전도서

지혜자들의 말씀들은 찌르는 채찍들 같고 회중의 스승들의 말씀들은 잘 박힌 못 같으니 다 한 목자가 주신 바이니라 내 아들아 또 이것들로부터 경계를 받으라 많은 책들을 짓는 것은 끝이 없고 많이 공부하는 것은 몸을 피곤하게 하느니라 일의 결국을 다 들었으니 하나님을 경외하고 그의 명령들을 지킬지어다 이것이 모든 사람의 본분이니라 하나님은 모든 행위와 모든 은밀한 일을 선악 간에 심판하시리라(전 12:11-14).

Ⅰ. 들어가는 말

전도서는 히브리인들의 허무사상을 표현한다. "헛되고 헛되며 헛되고 헛되니 모든 것이 헛되도다"(전 1:2). "나 전도자는 예루살렘에서 왕이 되어 마음을 다하며 지혜를 써서 하늘 아래서 행하는 모든 일을 궁구하여 살핀즉 이는 괴로운 것이니 하나님이 인생들에게 주사 수고하게 하신 것이라"(전 1:12-13). 그러나 전도서는 결국 하나님을 경외함으로 결론짓는다.

Ⅱ. 배경

1. 전도자(설교자)

전도서는 히브리성서에서 코헬레드(Qoheleth)라고 하며, 불러 모은 자들에게 말하는 사람, 즉 "설교자, 또는 전도자" 란 뜻을 가지고 있다. 이 전도자는 인생의 쓴맛, 단맛을 다 경험한 사람으로 깊은 허무와 무의미 가운데 방황하다가, 결국 하나님을 경외하고 그 명령을 지키는 것이 인생의 본분임을 깨닫게 되었다.

> 일의 결국을 다 들었으니 하나님을 경외하고 그의 명령들을 지킬지어다 이것이 모든 사람의 본분이니라 하나님은 모든 행위와 모든 은밀한 일을 선악간에 심판하시리라(전 12:13-14).

2. 반(反)지혜

전도자의 탄식으로 시작되는 전도서는 처음부터 지혜에 대한 회의와 허무를 외치고 있다. 여기에서 우리는 잠언의 지혜와는 전혀 다른 성격의 지혜, 곧 반지혜를 만나게 된다.

> 마음을 다하며 지혜를 써서 하늘 아래에서 행하는 모든 일을 연구하며 살핀즉 이는 괴로운 것이니 하나님이 인생들에게 주사 수고하게 하신 것이라 내가 해 아래에서 행하는 모든 일을 보았노라 보라 모두 다 헛되어 바람을 잡으려는 것이로다 구부러진 것도 곧게 할 수 없고 모자란 것도 셀 수 없도다(전 1:13-15).

3. 인간의 한계를 지직함

전도자는 남녀노소, 빈부귀천을 막론하고 겪게 되는 죽음의 문제를 중점적으로 다루고 있어서 잠언과는 달리 인간의 한계를 가르쳐주고 있다.

인생이 당하는 일을 짐승도 당하나니 그들이 당하는 일이 일반이라 다 동일한 호흡이 있어서 짐승이 죽음 같이 사람도 죽으니 사람이 짐승보다 뛰어남이 없음은 모든 것이 헛됨이로다 다 흙으로 말미암았으므로 다 흙으로 돌아가나니 다 한 곳으로 가거니와(전 3:19-20).

Ⅲ. 본문 내용

1. 서언(전 1:1-11)

전도자는 하늘을 보고 땅을 봐도, 바람이 불 때에나 강물이 흘러갈 때에도 공허함만 느끼는 허무의 질곡에서 허덕이고 있다. 자연은 그에게 하나님의 영광을 드러내는 대상이 아니라(시 19:1), 아무런 목적도 성과도 없이 실망만을 던져주는 것으로 비칠 뿐이다.

해는 뜨고 해는 지되 그 떴던 곳으로 빨리 돌아가고 바람은 남으로 불다가 북으로 돌아가며 이리 돌며 저리 돌아 바람은 그 불던 곳으로 돌아가고 모든 강물은 다 바다로 흐르되 바다를 채우지 못하며 강물은 어느 곳으로 흐르든지 그리로 연하여 흐르느니라 모든 만물이 피곤하다는 것을 사람이 말로 다 말할 수는 없나니 눈은 보아도 족함이 없고 귀는 들어도 가득 차지 아니하도다(전 1:5-8).

2. 모든 것이 헛됨(전 1:12-6:12)

1) 만물의 헛됨, 특히 지혜와 쾌락, 재물, 존귀의 헛됨을 말한다.

내가 해 아래에서 내가 한 모든 수고를 미워하였노니 이는 내 뒤를 이을 이에게 남겨 주게 됨이라 그 사람이 지혜자일지, 우매자일지야 누가 알랴마는 내가 해 아래에서 내 지혜를 다하여 수고한 모든 결과를 그가 다 관리하리니 이것도 헛되도다(전 2:18-19).

2) 헛된 것에 몸과 마음을 빼앗기지 말고 실속 있는 생활을 하라.

사람이 먹고 마시며 수고하는 것보다 그의 마음을 더 기쁘게 하는 것은 없나니 내가 이것도 본즉 하나님의 손에서 나오는 것이로다(전 2:24).

3. 지혜가 우매보다 낫다(전 7:1-12:8).

1) 전도자는 여러 가지 지혜로운 충고를 한다. 인간의 지혜가 완벽하지는 못해도 지혜로운 것이 우매함 보다 나은즉 지혜롭게 이 세상을 살아가라고 권면한다.

2) 열심히 일하며 살아가라.

네 손이 일을 얻는 대로 힘을 다하여 할지어다 네가 장차 들어갈 스올에는 일도 없고 계획도 없고 지식도 없고 지혜도 없음이니라(전 9:10).

3) 청년 시절에 자유롭되 책임감 있게 살아가라.

청년이여 네 어린 때를 즐거워하며 네 청년의 날들을 마음에 기뻐하여 마음에 원하는 길들과 네 눈이 보는 대로 행하라 그러나 하나님이 이 모든 일로 말미암아 너를 심판하실 줄 알라(전 11:9).

4. 결론(전 12:9-14)

전도자는 자신이 궁구한 지혜로운 말은 진리이며(10절), 하나님을 경외하고 그 명령을 지키라고 말함으로써 허무와 회의를 넘어서 대역전의 결말을 내리고 있다. 그는 허무한 세상에서 하나님을 믿고 헌신 봉사하는 삶의 가치를 깨달은 것이다.

Ⅳ. 전도자의 메시지

1. 영원한 세계와 악인의 심판을 인정한다.

전도자는 허무한 삶 가운데 모든 때를 정하신 하나님(전 3:1-8), 인생에게 있는 영원을 사모하는 마음(전 3:11), 하나님의 행하심의 영원성(전 3:14), 하나님을 경외치 않는 악인의 멸망(전 8:13)을 굳게 믿고 있다.

> 악한 일에 관한 징벌이 속히 실행되지 아니하므로 인생들이 악을 행하는 데에 마음이 담대하도다 죄인은 백 번이나 악을 행하고도 장수하거니와 또한 내가 아노니 하나님을 경외하여 그를 경외하는 자들은 잘 될 것이요 악인은 잘 되지 못하며 장수하지 못하고 그 날이 그림자와 같으리니 이는 하나님을 경외하지 아니함이니라(전 8:11-13).

2. 하나님은 세상을 섭리하신다.

인간이 하는 일은 허무하지만(전 1:13; 2:17) 하나님은 모든 것을 때를 따라 아름답게 하시고(전 3:11) 은연중에 모든 것을 섭리하신다(전 11:5). 또한 인간이 추구하는 쾌락은 종국적으로 허무하지만, 하나님께서는 참 기쁨을 선물로 주신다(전 5:19).

이러한 절대적 차이는 하나님께서는 하늘에 계시고 인간은 땅에 있다는 질적 차이에 기인한다.

3. 하나님 없이는 살 수 없다.

어그러진 세상, 실망 많은 세상, 타락된 세상에 대한 허무를 외치던 전도자는, 그럼에도 불구하고 마음속에서 솟구쳐 나오는 영원에 대한 그리움, 하나님께 대한 경외를 결코 떨쳐 버릴 수 없었다.

Ⅴ. 나가는 말

전도서는 부정을 통한 긍정, 허무를 통한 삶의 의미를 되새기게 한다. 인생은 허무하다. 그러나 허무한 인생은 본래적인 것이 아니다. 그것은 하나님을 떠났기 때문에 오는 것이다. 아우구스티누스는 "하나님의 품 안으로 돌아가기까지는 평안이 없다"고 고백했다.

아 가

여자들 가운데에서 어여쁜 자야 네 사랑하는 자가 어디로 갔는가 네 사랑하는 자가 어디로 돌아갔는가 우리가 너와 함께 찾으리라 내 사랑하는 자가 자기 동산으로 내려가 향기로운 꽃밭에 이르러서 동산 가운데에서 양 떼를 먹이며 백합화를 꺾는구나 나는 내 사랑하는 자에게 속하였고 내 사랑하는 자는 내게 속하였으며 그가 백합화 가운데에서 그 양 떼를 먹이는도다(아 6:1-3).

Ⅰ. 들어가는 말

책 중의 책이 성경이고 보석 중의 보석이 다이아몬드라면, 노래 중의 노래는 무엇일까? 히브리 성서는 아가서를 '노래 중의 노래'(שִׁיר הַשִּׁירִים, shir hashshirim)라고 부르고 있다. 그 노래는 사랑의 노래로써 남녀간의 아름다운 사랑을 예찬하고 이를 통해서 그리스도와 신자간의 사랑의 관계를 묘사하려 하고 있다.

Ⅱ. 배경

1. 저자

전통적으로 아가서는 솔로몬 왕이 지은 것으로 여기고 있다. 그래서 영어 성경에서는 아가서를 솔로몬의 노래라고 불렀다. 하지만 에스더와 함께 하나님이란 말이 하나도 없으며(야훼 명칭은 있음), 직접적으로 신앙을 강조하는 구절도 나타나지 않는다. 그럼에도 불구하고 아가서는 하나님의 성령에 의해 영감된 정경이다.

2. 형식

아가서는 그 제목에서 알 수 있는 것처럼 아름다운 서정시로써 희곡의 대화 형식을 띄고 있다. 그렇다고 해서 일부 현대 학자들의 주장처럼 연극의 대본으로 간주할 수는 없으며, 내용의 난해함을 이유로 들어 서정적 연애시들을 통일성이 없이 모아 놓은 것이라는 견해도 받아들일 수 없다.

아가서는 사랑을 소재로 한 통일성 있는 서정시요, 하나님의 지성소로 들어가는 사랑의 말씀이다.

Ⅲ. 본문 내용

1. 사랑의 만남(아 1:1-3:5)

아가서는 연인들이 사랑의 대화를 통하여 서로 만나는 장면으로 시작된다. 때는 화창한 봄날로 "겨울이 지나고 비도 그쳤고 지면에는 꽃이 피고 새의 노래할 때" 였다. 봄이 오면 죽은 것 같은 대지에 새싹이 돋아 오르듯, 사랑은 마음의 대지에 움터 오르는 새 생명의 탄생인 것이다.

나의 사랑하는 자가 내게 말하여 이르기를 나의 사랑, 내 어여쁜 자야 일어나서 함께 가자(아 2:10).

2. 사랑의 결실과 갈등(아 3:6-5:8)

1) 사랑은 아름다운 결실을 맺어 신혼의 기쁨을 노래하게 된다. 사랑의 첫 단계에서는 자기중심적인 마음을 벗어버리지 못하고 있다.

내 사랑하는 자는 내게 속하였고 나는 그에게 속하였도다 그가 백합화 가운데에서 양 떼를 먹이는구나(아 2:16).

2) 자기중심적인 사랑은 어느 때가 되면 상대방의 마음을 아프게 하고 떠나가게 한다(아 5:3-6). 그로 인해 자신도 사랑의 상처를 입게 되고, 고통을 통하여 자기중심을 떨쳐버리는 계기를 얻게 된다.

내가 옷을 벗었으니 어찌 다시 입겠으며 내가 발을 씻었으니 어찌 다시 더럽히랴마는 내 사랑하는 자가 문틈으로 손을 들이밀매 내 마음이 움직여서 일어나 내 사랑하는 자를 위하여 문을 열 때 몰약이 내 손에서, 몰약의 즙이 내 손가락에서 문빗장에 떨어지는구나 내가 내 사랑하는 자를 위하여 문을 열었으나 그는 벌써 물러갔네 그가 말할 때에 내 혼이 나갔구나 내가 그를 찾아도 못 만났고 불러도 응답이 없었노라(아 5:3-6).

3. 사랑의 성숙(아 5:9-8:4)

1) 사랑의 갈등은 보다 더 큰 그리움으로 회복되며, 오직 하나만의 사랑으로 승화된다(아 5:9-6:9).

그리움이 없는 헤어짐은 사랑이 없다는 증거이다.

2) 상대 중심의 사랑으로 사랑의 발전이 이루어진다.

나는 내 사랑하는 자에게 속하였고 내 사랑하는 자는 내게 속하였으며 그가 백합화 가운데에서 그 양 떼를 먹이는도다(아 6:3).

3) 상호 신뢰와 자기중심의 탈피로부터 사랑은 더욱 견고해져서 신랑은 신부인 술람미 여인을 안타깝게 그리워하고 그 아름다움을 노래한다.

사랑아 네가 어찌 그리 아름다운지, 어찌 그리 화창한지 즐겁게 하는구나(아 7:6).

4. 사랑의 완성(아 8:5-14)

마침내 사랑은 절정을 이루어 그 어떠한 외부적인 것도 소멸시킬 수 없는 완성에 이른다.

너는 나를 도장 같이 마음에 품고 도장 같이 팔에 두라 사랑은 죽음 같이 강하고 질투는 스올 같이 잔인하며 불길 같이 일어나니 그 기세가 야훼의 불과 같으니라(아 8:6).

Ⅳ. 아가서의 의의

1. 사랑은 하나의 온전한 것으로 나아가야 한다.

솔로몬과 술람미 여인의 사랑은 순탄한 것만은 아니었다. 솔로몬에게는 바로의 공주를 비롯한 수많은 아내가 있었던 것이다. 그러나 두 사람의 끊임없는 노력 끝에 "나의 비둘기 나의 완전한 자는 하나뿐이로구나"하는 고백에 이르게 되는 것이다(아 6:9).

2. 모든 사랑은 하나님 사랑의 그림자이다.

온전한 하나로 승화되지 않고, 다른 대상을 찾아서 갈급함을 해결하려고 하면 할수록 공허해질 뿐만 아니라 사랑의 발전과 결실을 얻지 못하게 된다. 하나님은 진선미성(眞善美聖)의 종합적인 완성이다. 아름다움을 사랑하는 종국적인 목적은 한 분이신 하나님을 사랑하기 위함이다.

V. 나가는 말

아가서의 사랑은 그리스도와 그의 신부인 교회와의 사랑을 예표하고 있다. 예수 그리스도와 신자 사이의 사랑을 세상과 죄가 끊임없이 훼방하고 끊어버리려고 하지만, 마침내 그 사랑은 결실을 맺고 어린 양의 혼인 잔치에 참여하여 큰 기쁨을 누리게 될 것이다.

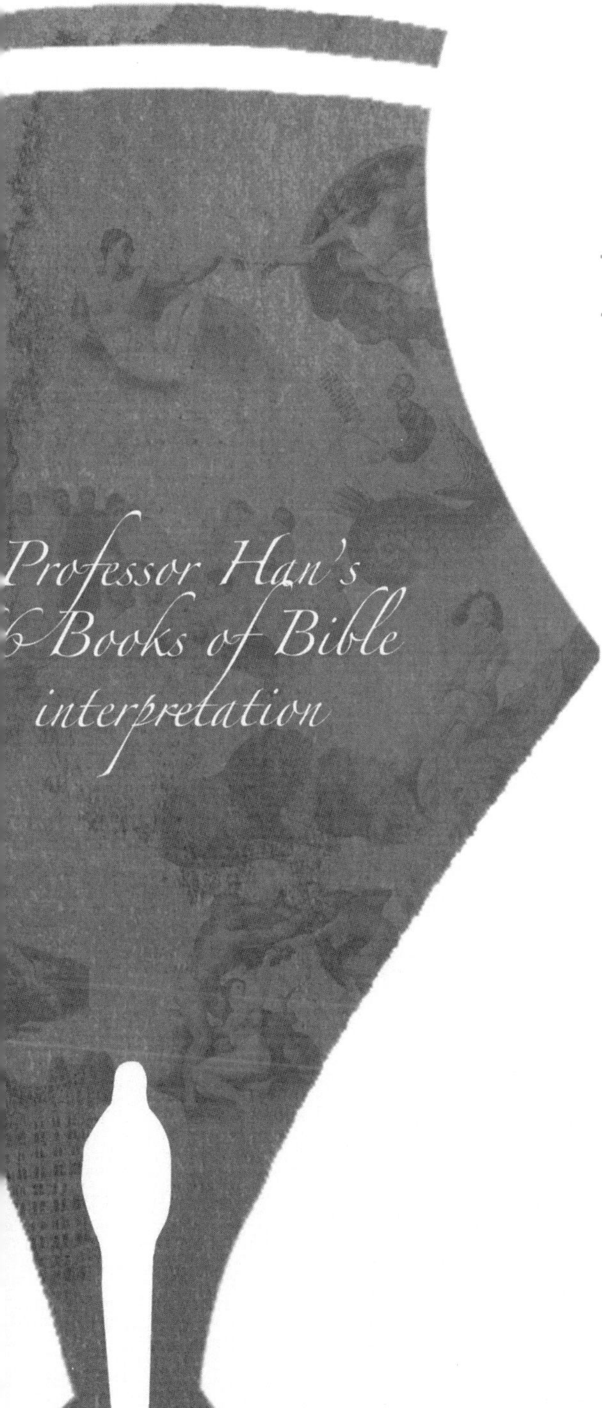

Part 4.

대선지서

이사야

예레미야

예레미야 애가

에스겔

다니엘

이사야

보라 내 종이 형통하리니 받들어 높이 들려서 지극히 존귀하게 되리라 전에는 그의 모양이 타인보다 상하였고 그의 모습이 사람들보다 상하였으므로 많은 사람이 그에 대하여 놀랐거니와 그가 나라들을 놀라게 할 것이며 왕들은 그로 말미암아 그들의 입을 봉하리니 이는 그들이 아직 그들에게 전파되지 아니한 것을 볼 것이요 아직 듣지 못한 것을 깨달을 것임이라 우리가 전한 것을 누가 믿었느냐 야훼의 팔이 누구에게 나타났느냐 그는 주 앞에서 자라나기를 연한 순 같고 마른 땅에서 나온 뿌리 같아서 고운 모양도 없고 풍채도 없은즉 우리가 보기에 흠모할 만한 아름다운 것이 없도다 그는 멸시를 받아 사람들에게 버림 받았으며 간고를 많이 겪었으며 질고를 아는 자라 마치 사람들이 그에게서 얼굴을 가리는 것 같이 멸시를 당하였고 우리도 그를 귀히 여기지 아니하였도다 그는 실로 우리의 질고를 지고 우리의 슬픔을 당하였거늘 우리는 생각하기를 그는 징벌을 받아 하나님께 맞으며 고난을 당한다 하였노라 그가 찔림은 우리의 허물 때문이요 그가 상함은 우리의 죄악 때문이라 그가 징계를 받으므로 우리는 평화를 누리고 그가 채찍에 맞으므로 우리는 나음을 받았도다 우리는 다 양 같아서 그릇 행하여 각기 제 길로 갔거늘 야훼께서는 우리 모두의 죄악을 그에게 담당시키셨도다(사 52:13-53:6).

Ⅰ. 들어가는 말

이사야(יְשַׁעְיָהוּ, yesayahu)는 '야훼는 구원이시다' 라는 뜻이다. 이처럼 이사야서는 구원이 인간 스스로의 능력과 행위로 얻어지는 것이 아니라, 하나님의 구속적인 은혜와 능력으로 된다는 것을 말한다.

이사야는 구원의 징조로서 메시아의 탄생과 메시아 왕국의 성격에 관해 예언한다. 특히 후반부에서 오묘한 기독론적인 통찰력이 잘 제시된다.

Ⅱ. 배경

1. 저자

이사야는 아모스(Amoz)의 아들로 왕족 출신인 것 같다. 그는 결혼하여 두 아들을 낳아 하나님의 심판과 구원을 상징하는 이름을 붙여 주었다. 그의 사역은 자신에게만 국한된 것이 아니라 온 가족이 참여하는 사역이어서, 성경적 목회의 한 모범을 보여준다.

> 그 때에 야훼께서 이사야에게 이르시되 너와 네 아들 스알야숩은 윗못 수도 끝 세탁자의 밭 큰 길에 나가서 아하스를 만나(사 7:3).

2. 이사야의 소명

이사야는 세상적으로 신뢰하던 명군(名君) 웃시야 왕의 죽음을 통하여 하나님께로 나아와 소명을 받게 되었다. 이처럼 세상적인 것이 무너져 버릴 때 사람들은 영의 눈이 열리고 귀가 열려서 하나님을 만나게 된다.

> 웃시야 왕이 죽던 해에 내가 본즉 주께서 높이 들린 보좌에 앉으셨는데 그의 옷자락은 성전에 가득하였고(사 6:1).

3. 문서비평

이사야서는 크게 두 부분으로 나눠지는데, 전반부(사 1-39장)는 앗수르 제국 시대를 배경으로 하며 심판의 메시지가 강조되며, 후반부(사 40-66장)는 바벨론과 페르시아 시대를 배경으로 구원과 위로의 예언이 강조되고 있다.

비평학자들은 이사야서의 저자로 예루살렘의 이사야와 바벨론의 이사야, 그의 제자 등을 다수의 저자를 언급하지만, 전통적으로는 이사야 선지자가 자신의 시대와 미래의 예언을 종합한 것으로 본다.

Ⅲ. 이사야 전반부(사 1-39장)

1. 하나님의 심판

이사야서의 전반부는 하나님의 심판에 대한 내용이 중심을 이루고 있다. 먼저 하나님께서는 소나 나귀만도 못한 이스라엘 백성들을 책망하신다(사 1:3). 그 까닭은 그 백성들이 하나님께 예배와 제물을 드리지 않았기 때문이 아니라, 하나님께서 원하시는 공평과 의리를 행하지 않았기 때문이다. 다음으로 하나님의 심판은 열방에 대해서도 공의롭게 진행된다.

2. 유다와 예루살렘의 심판(사 1-12장)

너희가 손을 펼 때에 내가 내 눈을 너희에게서 가리고 너희가 많이 기도할지라도 내가 듣지 아니하리니 이는 너희의 손에 피가 가득함이라 너희는 스스로 씻으며 스스로 깨끗하게 하여 내 목전에서 너희 악한 행실을 버리며 행악을 그치고 선행을 배우며 정의를 구하며 학대 받는 자를 도와 주며 고아를 위하여 신원하며 과부를 위하여 변호하라 하셨느니라(사 1:15-17).

3. 이방 나라의 심판(사 13-27장)

너는 바벨론 왕에 대하여 이 노래를 지어 이르기를 압제하던 자가 어찌 그리 그쳤으며 강포한 성이 어찌 그리 폐하였는고(사 14:4).

너 아침의 아들 계명성이여 어찌 그리 하늘에서 떨어졌으며 너 열국을 엎은 자여 어찌 그리 땅에 찍혔는고 네가 네 마음에 이르기를 내가 하늘에 올라 하나님의 뭇 별 위에 내 자리를 높이리라 내가 북극 집회의 산 위에 앉으리라 가장 높은 구름에 올라가 지극히 높은 이와 같아지리라 하는도다 그러나 이제 네가 스올 곧 구덩이 맨 밑에 떨어짐을 당하리로다(사 14:12-15).

4. 세계적인 대심판(사 28-35장)

열국이여 너희는 나아와 들을지어다 민족들이여 귀를 기울일지어다 땅과 땅에 충만한 것, 세계와 세계에서 나는 모든 것이여 들을지어다 대저 야훼께서 열방을 향하여 진노하시며 그들의 만군을 향하여 분내사 그들을 진멸하시며 살륙 당하게 하셨은즉(사 34:1-2).

5. 심판 중에 나타나는 구원

1) 은혜로우신 하나님

심판의 와중에서도 구원의 손길과 구원의 약속이 나타난다. 곧 메시야의 탄생(사 7:14)과 그의 사역(사 9:1-7), 그가 통치하는 평화의 세계(사 11:1-9) 등이 예언된 것이다.

특히 이사야는 대다수의 사람들에게 심판이 확정적임에도 불구하고 소수의 신실한 무리는 항상 구원받게 된다는 "남은 자 사상"을 역설함으로써 영적으로 살려는 소수의 사람들에게 희망을 걸었다.

2) 메시아의 탄생

그러므로 주께서 친히 징조를 너희에게 주실 것이라 보라 처녀가 잉태하여 아들을 낳을 것이요 그의 이름을 임마누엘이라 하리라(사 7:14).

3) 남은 자(the Remnant) 사상

그 날에 이스라엘의 남은 자와 야곱 족속의 피난한 자들이 다시는 자기를 친 자를 의지하지 아니하고 이스라엘의 거룩하신 이 야훼를 진실하게 의지하리니 남은 자 곧 야곱의 남은 자가 능하신 하나님께로 돌아올 것이라(사 10:20-21).

6. 히스기야 시대의 에피소드(사 36-39장)

이사야 전반부는 히스기야 시대의 역사적 사실을 기록한 부분으로 끝난다. 앗수르의 교만을 징계하시는 하나님의 기적적 역사하심과 히스기야의 질병의 치료가 기록되어 있다.

Ⅳ. 이사야 후반부(사 40-66장)

1. 개요

이사야의 후반부는 바벨론 포로로부터의 해방과 구원과 회복에 관한 내용이 중심이 되고 있다. 이스라엘의 대적은 멸망을 받게 되고, 우상을 섬기는 자들은 수치를 당하게 될 것이다(사 46:1). 그러나 하나님의 백성들에게는 은총이 가득할 것이다.

2. 포로에서 해방(사 40-48장)

하나님은 포로가 된 백성들에게 다정히 말씀하시며, 바벨론의 포로에서 건져주신다. 이같은 은총이 임할 때 사람들은 깜짝 놀라면서 "나 같은 죄인에게 어찌 이런 은혜..."하며 반문할 것이다.

> 너희의 하나님이 이르시되 너희는 위로하라 내 백성을 위로하라 너희는 예루살렘의 마음에 닿도록 말하며 그것에게 외치라 그 노역의 때가 끝났고 그 죄악이 사함을 받았느니라 그의 모든 죄로 말미암아 야훼의 손에서 벌을 배나 받았느니라 할지니라 하시니라(사 40:1-2).

3. 고난의 종(사 49-57장)

공의로우신 하나님의 구원이 값없이 임하게 된 것은 고난 받은 야훼의 종의 대속에 의한 것이다. 그 은혜를 알게 되면 감격의 눈물을 흘리지 않을 수 없게 된다.

> 우리는 다 양 같아서 그릇 행하여 각기 제 길로 갔거늘 야훼께서는 우리 모두의 죄악을 그에게 담당시키셨도다(사 53:6).

4. 시온의 회복(사 58-66장)

시온 땅은 야훼의 영광의 빛으로 비치고, 열방이 시온으로 나아오게 된다.

> 일어나라 빛을 발하라 이는 네 빛이 이르렀고 야훼의 영광이 네 위에 임하였음이니라 보라 어둠이 땅을 덮을 것이며 캄캄함이 만민을 가리려니와 오직 야훼께서 네 위에 임하실 것이며 그의 영광이 네 위에 나타나리니 나라들은 네 빛으로, 왕들은 비치는 네 광명으로 나아오리라(사 60:1-3).

Ⅴ. 나가는 말

이사야가 소명을 받을 때 만난 지극히 거룩하신 하나님은 죄악의 백성들을 심판하지 않을 수 없었다. 그러나 거룩하신 하나님의 중심에는 말할 수 없는 사랑이 충만하였다. 마침내 사랑의 하나님께서는 고난의 종, 즉 그의 어린 양 예수 그리스도를 통하여 죄를 대속케 하심으로 누구든지 구원의 은총에 참여하게 하셨다.

"너희 목마른 자들아 물로 나아오라 돈 없는 자도 오라 너희는 와서 사 먹되 돈 없이 값없이 와서 포도주와 젖을 사라" (사 55:1). 이처럼 심판과 대속을 통한 구원은 이사야 메시지의 핵심이다.

예레미야

야훼의 말씀이니라 보라 날이 이르리니 내가 이스라엘 집과 유다 집에 새 언약을 맺으리라 이 언약은 내가 그들의 조상들의 손을 잡고 애굽 땅에서 인도하여 내던 날에 맺은 것과 같지 아니할 것은 내가 그들의 남편이 되었어도 그들이 내 언약을 깨뜨렸음이라 야훼의 말씀이니라 그러나 그 날 후에 내가 이스라엘 집과 맺을 언약은 이러하니 곧 내가 나의 법을 그들의 속에 두며 그들의 마음에 기록하여 나는 그들의 하나님이 되고 그들은 내 백성이 될 것이라 야훼의 말씀이니라 그들이 다시는 각기 이웃과 형제를 가리켜 이르기를 너는 야훼를 알라 하지 아니하리니 이는 작은 자로부터 큰 자까지 다 나를 알기 때문이라 내가 그들의 악행을 사하고 다시는 그 죄를 기억하지 아니하리라 야훼의 말씀이니라(렘 31:31-34).

Ⅰ. 들어가는 말

2011년 10월 6일 아침 애플의 창업자 겸 최고 경영자, 이 시대의 레오나르도 다빈치라고 한 스티브 잡스(Steve Jobs)가 세상을 떠났다. 사람들은 스마트 폰에 문자를 찍었다. 'iSad!' (나는 슬프다).

그는 친부모에게서 떠나 매우 가난한 양부모 밑에서 자라났다. 어쩌면 그가 외롭고 고단한 청소년 시절을 보내면서 말했을지 모른다. "아아 어머니! 왜 나를 낳으셨습니까?" (렘 15:10).

이 절규는 눈물의 선지자라고 불리는 예레미야의 고백이다. 도대체 무엇 때문에 예레미야는 이렇게 자신의 삶을 탄식하고 괴로워했을까? 예레미야는 멸망기 유다의 선지자로서 하나님의 유다에 대한 멸망 예언을 하였으며, 강퍅한 유다 백성들에게 시달리고, 우국충정에 괴로워한 여린 마음의 예언자였다.

Ⅱ. 배경

1. 저자

예레미야란 "야훼께서 내던지시다"는 뜻으로, 그는 유다의 존망(存亡)이 걸려있던 시기에 하나님에 의해 패역한 백성들 가운데로 내던져진 영적 미사일 같은 존재였다. 세상으로 팽개쳐진 인생같을지라도 하나님의 섭리는 살아있다. 그는 아나돗의 제사장 집안에서 태어났으며(렘 1:1), 아마도 추방당한 아비아달의 후손인 것 같다(삼상 22:20).

2. 시대 배경

그가 사역하던 시대는 다윗과 솔로몬 제국이 남북으로 나눠진 지 200여년이 지나서 이미 북왕국이 멸망한 때였으며, 유다는 범죄함으로 바벨론에게 멸망당할 처지에 놓인 시기였다. 때가 늦어도 너무 늦어서 용서받고 고침받을 단계가 지나 하나님께서 유다를 심판하시는 것을 피할 수 없는 비운의 시기였다. 그래서 예레미야는 평화보다는 재앙을, 건설보다는 파괴를 말하였고 그에 따른 고통으로 말미암아 절규하지 않을 수 없었다.

찰리 채플린은 "웃기는 것은 장사 속이지만, 인생은 멋이나 농담이 아니다"라고 했다. 고통과 재앙을 말하는 것을 아무도 좋아하지 않겠지만, 인생이 꽃피는 봄만을 노래할 수는 없다.

Ⅲ. 본문 내용

1. 서론(렘 1:1-19)

예레미야서 서론은 소명을 기록하고 있는데, 예레미야는 그의 여린 성격 때문에 번민하였고 하나님께서는 그를 강하게 붙잡아 주신다고 약속하셨다.

> 내가 이르되 슬프도소이다 주 야훼여 보소서 나는 아이라 말할 줄을 알지 못하나이다 하니 야훼께서 내게 이르시되 너는 아이라 말하지 말고 내가 너를 누구에게 보내든지 너는 가며 내가 네게 무엇을 명령하든지 너는 말할지니라(렘 1:6-7).

2. 유다와 예루살렘의 예언(렘 2-45장)

1) 죄악의 상황

죄악에 물든 유다 백성들은 하나님에 대하여 강퍅할 대로 강퍅해진 상태였다. 구스인이 피부색을, 표범이 그 반점을 변화시킬 수 없는 것처럼 그들의 죄악에서 돌이킬 수 없는 지경이었다(렘 13:23). 그럼에도 불구하고 이런 사태를 더욱 악화시킨 것은 하나님의 평화가 있다고 외친 거짓 선지자들의 예언이었다.

> 선지자 하나냐가 선지자 예레미야의 목에서 멍에를 빼앗아 꺾고 모든 백성 앞에서 하나냐가 말하여 이르되 야훼께서 이와 같이 말씀하시니라 내가 이 년 안에 모든 민족의 목에서 바벨론의 왕 느부갓네살의 멍에를 이와 같이 꺾어 버리리라 하셨느니라 하매 선지자 예레미야가 자기의 길을 가니라 (렘 28:10-11).

2) 참과 거짓 선지자

누가 하나님께서 보내신 참된 선지자인가? 하나냐처럼 샬롬(평화)를 외치던 많은 무리인가, 아니면 '엔 샬롬' (אֵין שָׁלוֹם, 평화가 없다; 렘 8:11)을 외치던 한 사람 예레미야인가? 그러나 참과 거짓은 머지않아 밝혀졌다. 주전 586년에 예루살렘이 멸망한 후, 평화를 외치던 거짓 선지자들은 모두 사라져버렸다. 마치 가을 찬바람에 파리와 모기가 사라져버리듯이 사라져버렸다. 그러나 예레미야는 여전히 하나님의 선지자로 남아서 남은 자들을 위로하고 새로운 소망을 전하고 있었다.

3. 열방에 대한 예언(렘 46-51장)

예레미야서의 후반부는 애굽과 블레셋, 모압 등 열방에 관한 예언을 기록하고 있고, 마지막 장(렘 52장)은 유다의 멸망에 대한 요약과 주전 561년에 여호야긴의 석방을 다룬 부록이다.

Ⅳ. 예레미야의 중심 사상

1. 신관(神觀)

1) 예레미야가 철저하게 믿은 것은 하나님만이 생수의 근원이시며(렘 2:13), 역사를 주관하시는 절대주권자라는 것이었다(렘 18:12).

내 백성이 두 가지 악을 행하였나니 곧 그들이 생수의 근원되는 나를 버린 것과 스스로 웅덩이를 판 것인데 그것은 그 물을 가두지 못할 터진 웅덩이들이니라(렘 2:13).

2) 하나님은 이스라엘의 남편으로 광야에서 계약을 맺으셨다.

야훼의 말씀이 내게 임하니라 이르시되 가서 예루살렘의 귀에 외칠지니라 야훼께서 이와 같이 말씀하시기를 내가 너를 위하여 네 청년 때의 인애와 네 신혼 때의 사랑을 기억하노니 곧 씨 뿌리지 못하는 땅, 그 광야에서 나를 따랐음이니라(렘 2:1-2).

2. 유다의 계약 파기와 새 언약

1) 죄악

만물보다 거짓되고 심히 부패한 마음을 가진 사람들은(렘 17:9) 살아계신 하나님을 버리고 우상숭배에 빠져들었으므로 심판을 돌이킬 수 없었다.

2) 영원한 사랑의 하나님

옛적에 야훼께서 나에게 나타나사 내가 영원한 사랑으로 너를 사랑하기에 인자함으로 너를 이끌었다 하였노라(렘 31:3).

3) 하나님께서는 이스라엘 집과 유다 집에 새 언약을 맺으시고(렘 31:31) 그들을 새롭게 하신다고 약속하셨다. 이 새 언약의 예언이 성취되어(눅 22:20) 오늘날 "신약"의 용어가 형성된 것이다.

3. 야훼의 집에 대한 메시지

1) 바른 행위가 있어야 한다.

도둑질한 후에 숨어 있다가 다시 나와 도둑질하듯이 성전을 은신처로 삼아 악을 행하지 말라고 한다. 하나님이 집을 부수시고서라도 찾아내신다는 것이다.

내 이름으로 일컬음을 받는 이 집이 너희 눈에는 도둑의 소굴로 보이느냐 보라 나 곧 내가 그것을 보았노라 야훼의 말씀이니라 너희는 내가 처음으로 내 이름을 둔 처소 실로에 가서 내 백성 이스라엘의 악에 대하여 내가 어떻게 행하였는지를 보라(렘 7:11-12; 마 21:13).

2) 말씀대로 순종해야 한다.

공중의 학은 그 정한 시기를 알고 산비둘기와 제비와 두루미는 그들이 올 때를 지키거늘 내 백성은 야훼의 규례를 알지 못하도다 너희가 어찌 우리는 지혜가 있고 우리에게는 야훼의 율법이 있다 말하겠느냐 참으로 서기관의 거짓의 붓이 거짓되게 하였나니(렘 8:7-8).

3) 진정한 회개

하나님께서는 형식적인 성전 예배나 할례 등을 통해서 만나지는 것이 아니라, 전심으로 찾고 구하는 것을 통해서 만나진다고 했다.

야훼의 말씀이니라 너희를 향한 나의 생각을 내가 아나니 평안이요 재앙이 아니니라 너희에게 미래와 희망을 주는 것이니라 너희가 내게 부르짖으며 내게 와서 기도하면 내가 너희들의 기도를 들을 것이요 너희가 온 마음으로 나를 구하면 나를 찾을 것이요 나를 만나리라(렘 29:11-13).

4. 공동체와 개인

구약에서 개인의 행위가 공동체 전체에게 영향을 끼치는 것을 찾을 수 있다. 그러나 예레미야는 이제 조상으로 인한 형벌을 자손이 받지 않게 된다고 선언한다.

> 그 때에 그들이 말하기를 다시는 아버지가 신 포도를 먹었으므로 아들들의 이가 시다 하지 아니하겠고 신 포도를 먹는 자마다 그의 이가 신 것 같이 누구나 자기의 죄악으로 말미암아 죽으리라(렘 31:29-30).

V. 나가는 말

예레미야서를 통해 예언자적 고난을 본다. 하나님의 일이 아니었으면 그렇게 부딪히며 거칠게 살지 않았을 여린 마음의 예레미야가 극심한 고난을 겪었다. 그것은 예언자의 사명을 받았기 때문이었다. 그는 하나님의 아픔을 나타내며, 하나님의 눈물을 보여주는 사람이었다. 예레미야는 끝없는 자기 백성에 대한 하나님의 사랑과 관심의 표상이었다.

예레미야 애가

내 고초와 재난 곧 쑥과 담즙을 기억하소서 내 마음이 그것을 기억하고 내가 낙심이 되오나 이것을 내가 내 마음에 담아 두었더니 그것이 오히려 나의 소망이 되었사옴은 야훼의 인자와 긍휼이 무궁하시므로 우리가 진멸되지 아니함이니이다 이것들이 아침마다 새로우니 주의 성실하심이 크시도소이다 내 심령에 이르기를 야훼는 나의 기업이시니 그러므로 내가 그를 바라리라 하도다 기다리는 자들에게나 구하는 영혼들에게 야훼는 선하시도다(애 3:19-25).

Ⅰ. 들어가는 말

"슬프다 이 성이여 본래는 거민이 많더니 이제는 어찌 그리 적막히 앉았는고"(애 1:1).

유다왕국이 멸망하여 거민들이 사로잡혀가고, 아름답던 예루살렘 성전이 무너져버린 삭막한 예루살렘을 보면서 시인은 슬픈 노래를 불렀다. 심판으로 인하여 파멸된 잔해를 바라보는 것은 비통한 일이지만, 이 세상에 영원한 것이 없다는 것을 새삼 깨닫고 천국에 대한 영원한 소망을 가져야 할 것이다.

Ⅱ. 배경

1. 저자

저자가 누구인지 확실하게 알 수 없지만, 전통적으로 눈물의 선지자 예레미야를 저자로 여겨왔다. 비평가들은 여러 사람의 시가 수집된 것으로 보지만, 일부는 예레미야와의 연관성으로 단일 저자성을 주장하기도 한다.

2. 제목

히브리 성서에서는 처음 시작하는 단어를 따라 "에카"(אֵיכָה, 어찌, 이럴 수가!)라고 부르거나, 그 내용을 따라 슬픈 노래라고 불렀다. 헬라역(LXX)에서는 그 슬픈 내용대로 드레노이(θρῆνοι, 哀歌)라고 번역했다. 라틴어 성경에서는 저자를 예레미야라고 생각하여 예레미야 애가라고 이름을 붙였다.

3. 형식

애가서는 5장으로 모두 다섯 개의 시로 구성되어 있다. 히브리어 알파벳의 순서를 따라 쓴 답관체 시(Acrostic Psalm)로 각 장이 22절씩이며, 3장만은 66절로 쓰여 있다.

Ⅲ. 본문 내용

1. 제1장

처량하게 버려진 시온, 곧 예루살렘을 애도하는 내용이다. 시온은 버림받은 과부 같고, 모든 것을 약탈당하고 벌거벗긴 자처럼 황폐하게 되었다.

주께서 내 영토 안 나의 모든 용사들을 없는 것 같이 여기시고 성회를 모아 내 청년들을 부수심이여 처녀 딸 유다를 내 주께서 술틀에 밟으셨도다 이로 말미암아 내가 우니 내 눈에 눈물이 물 같이 흘러내림이여 나를 위로하여 내 생명을 회복시켜 줄 자가 멀리 떠났음이로다 원수들이 이기매 내 자녀들이 외롭도다(애 1:15-16).

2. 제2장

1) 예루살렘을 멸망시킨 하나님의 진노에 대해 말하고 있다. 하나님께서는 성막을 초막같이 헐어버리시고, 왕과 제사장을 멸시하시며, 자기 제단을 버리시고 자기 성소를 미워하시기까지 진노하셨다.

주께서 그의 초막을 동산처럼 헐어 버리시며 그의 절기를 폐하셨도다 야훼께서 시온에서 절기와 안식일을 잊어버리게 하시며 그가 진노하사 왕과 제사장을 멸시하셨도다 야훼께서 또 자기 제단을 버리시며 자기 성소를 미워하시며 궁전의 성벽들을 원수의 손에 넘기셨으매 그들이 야훼의 전에서 떠들기를 절기의 날과 같이 하였도다(애 2:6-7).

2) 하나님은 결코 만홀히 여김을 받지 않으신다.

그 아름답고 영광스럽던 솔로몬 성전이 바벨론 군대에게 짓밟히게 될 줄이야 누가 상상인들 했으랴? 심지어 노인과 어린아이가 길바닥에 엎드러지고 처녀들과 소년들이 칼에 죽어 쓰러져도 하나님께서는 조금도 긍휼히 여기시지 않았다. 무엇이 그토록 하나님을 노하시게 하였을까? 하나님은 참 마음으로 하나님을 섬기지 않는 그 어떤 것도 받지 않으신다.

3. 제3장

어둠에 처해 있다고 해서 어둠만을 바라보면 빛의 세계로 나올 수 없다. 그러므로 시인은 탄식 속에서도 돌이켜 하나님을 바라보라고 권유한다.

시인은 쑥과 담즙 같은 고난 가운데서도 중심에 하나님을 회상한즉 소망이 있다고 고백한다. 그것은 "무릇 기다리는 자에게나 구하는 영혼에게 야훼께서 선을 베푸시기" (애 3:25) 때문이다. 마음 중심에 하나님을 모시고, 그 말씀을 기억해야 살아나게 된다.

사람이 야훼의 구원을 바라고 잠잠히 기다림이 좋도다 사람은 젊었을 때에 멍에를 메는 것이 좋으니 혼자 앉아서 잠잠할 것은 주께서 그것을 그에게 메우셨음이라(애 3:26-28).

4. 제4장

1) 상전벽해(桑田碧海)가 따로 없다.

시인은 폐허가 된 예루살렘을 보며 옛날의 영광스런 모습을 회상하고 있다. 눈보다 깨끗하고 젖보다 희며 산호보다 붉고 청옥 같던 예루살렘이 숯보다 검고 그 가죽이 뼈에 붙은 막대기처럼 된 것이다(애 4:7-8).

2) 고난의 이유는 죄악 때문이다. 특별히 백성들의 지도자들인 선지자들과 제사장들이 의인들의 피를 흘린 죄로 말미암은 것이다.

야훼께서 그의 분을 내시며 그의 맹렬한 진노를 쏟으심이여 시온에 불을 지르사 그 터를 사르셨도다 대적과 원수가 예루살렘 성문으로 들어갈 줄은 세상의 모든 왕들과 천하 모든 백성이 믿지 못하였었도다 그의 선지자들의 죄들과 제사장들의 죄악들 때문이니 그들이 성읍 안에서 의인들의 피를 흘렸도다(애 4:11-13).

5. 제5장

1) 제5장은 하나님의 자비를 구하는 기도문이다.

처절한 고통을 겪는 이유를 알았으면 주저앉아 울고만 있을 것이 아니라, 살 길을 찾아야 한다. 하나님께 매를 맞았을 때 살아나는 길은 하나님의 자비를 구하는 기도를 드리는 것이다. 시인은 비참한 예루살렘의 상황을 언급하면서 하나님께서 진노를 거두어 주시기를 간구하고 있다.

야훼여 주는 영원히 계시오며 주의 보좌는 대대에 이르나이다 주께서 어찌하여 우리를 영원히 잊으시오며 우리를 이같이 오래 버리시나이까 야훼여 우리를 주께로 돌이키소서 그리하시면 우리가 주께로 돌아가겠사오니 우리의 날들을 다시 새롭게 하사 옛적 같게 하옵소서(애 5:19-21).

2) 우리의 교회를 위한 기도

주여! 우리 교회가 평화로운 옛적 같게 하옵소서. 서로 아끼고 하나되어 사랑하던 옛적 같게 하옵소서! 성령의 물결이 넘실대는 옛적 같게 하옵소서! 세계 만민이 몰려드는 부흥의 교회로 옛적 같게 하옵소서!

Ⅳ. 나가는 말

예레미야 애가는 탄식으로 끝나지 않는다. 시인은 처절한 삶의 정황 가운데서도 이스라엘을 향한 하나님의 언약을 기억하며 소망을 잃지 않고 있다. 또한 민족을 대표하여 하나님의 긍휼을 구하는 제사장적 기도를 드리고, 고난을 통한 철저한 회개를 기대하고 있다(애 5:21).

인간의 생각으로는 차마 그러실 수 없을 것이라고 여겼던 예루살렘의 멸망을 단호히 결행하신 야훼 하나님, 그 앞에 잠잠히 입을 다물고 겸허하게 무릎을 꿇자!

에스겔

그러나 너희가 여러 나라에 흩어질 때에 내가 너희 중에서 칼을 피하여 이방인들 중에 살아 남은 자가 있게 할지라 너희 중에서 살아 남은 자가 사로잡혀 이방인들 중에 있어서 나를 기억하되 그들이 음란한 마음으로 나를 떠나고 음란한 눈으로 우상을 섬겨 나를 근심하게 한 것을 기억하고 스스로 한탄하리니 이는 그 모든 가증한 일로 악을 행하였음이라 그 때에야 그들이 나를 야훼인 줄 알리라 내가 이런 재앙을 그들에게 내리겠다 한 말이 헛되지 아니하니라(겔 6:8-10).

Ⅰ. 들어가는 말

고난을 당할 때 여러 가지 의심이 일어나지만, 이중 우선되는 의문은 과연 하나님이 살아계시는가 하는 것과 하나님이 나를 사랑하시는가 하는 문제이다.

"인자야 내가 너를 이스라엘 족속의 파수꾼으로 세웠으니 너는 내 입의 말을 듣고 나를 대신하여 그들을 깨우치라"(겔 3:17).

에스겔은 적에게 포로로 잡힌 것은 자신의 죄 탓이지 하나님 탓이 아니라는 것을 깨우쳐주는 임무를 맡았다. 그것은 민족적 패망을 그들이 섬기는 신의 패망이라고 생각하던 고대인들의 잘못된 사고방식을 깨닫게 해주는 것이었다.

Ⅱ. 배경

1. 저자

선지자 에스겔은 그 이름부터 하나님은 강하시다라는 뜻을 갖고 있다. 제사장 부시의 아들로 바벨론으로 끌려간 후에도 집에서 유다의 지도자들인 장로들에게 가르침을 주었다(겔 8:1).

2. 활동 연대

여호야긴의 포로생활 제5년(주전 592년)에 사역을 시작한 에스겔은 포로생활 27년(주전 570년)에 사역을 마쳤다.

3. 목적

좌절과 시련에 싸인 유다의 포로민들에게 에스겔은 강하고 위대하신 하나님을 부각시킴으로써 책망과 위로를 주려고 했다. 이처럼 다른 선지서처럼 에스겔도 심판과 회복을 주제로 하고 있다. 주제어는 "너희가 나를 야훼인줄 알리라"라는 말씀이다.

Ⅲ. 내용 개요

1. 에스겔의 소명과 임무(겔 1-3장)

1장에서 3장까지는 에스겔의 소명을 기록하고 있다. 여기에서 에스겔은 그발 강가의 평지에서 영광의 하나님을 만나 뵌다. 하나님은 메소포타미아 사람들이 산신(山神)이라고 생각한 것처럼 팔레스타인 산지에 국한된 하나님이 아니다. 바벨론 대제국의 대평원 가운데 영광스럽게 임하시는 하나님에 대한 체험이 에스겔의 독특한 신관을 말해주는 것이다(겔 1:26-8).

2. 예루살렘에 임하는 재앙(겔 4-24장)

하늘 보좌에 영광스럽게 좌정하신 하나님을 믿는 이스라엘이 어찌하여 우상을 섬기는 바벨론에게 패망하는 것일까? 이에 대한 대답으로 패역한 이스라엘의 죄와 그에 따른 심판이 선포된다.

1) 무수한 죄 가운데 특기할 것은 예루살렘 성전에서조차 행해지던 가증스러운 우상숭배이다.

그가 또 나를 데리고 야훼의 전으로 들어가는 북문에 이르시기로 보니 거기에 여인들이 앉아 담무스를 위하여 애곡하더라 그가 또 내게 이르시되 인자야 네가 그것을 보았느냐 너는 또 이보다 더 큰 가증한 일을 보리라 하시더라 그가 또 나를 데리고 야훼의 성전 안뜰에 들어가시니라 보라 야훼의 성전 문 곧 현관과 제단 사이에서 약 스물다섯 명이 야훼의 성전을 등지고 낯을 동쪽으로 향하여 동쪽 태양에게 예배하더라(겔 8:14-16).

2) 죄로 인하여 하나님의 영광이 성전을 떠나게 되었다.

야훼의 영광이 성읍 가운데에서부터 올라가 성읍 동쪽 산에 머무르고(겔 11:23).

3) 이제 남은 것은 예루살렘성의 파멸과 사로잡혀 가는 것 밖에 없다.

그러므로 주 야훼의 말씀이니라 내가 나의 삶을 두고 맹세하노니 그가 내 맹세를 업신여기고 내 언약을 배반하였은즉 내가 그 죄를 그 머리에 돌리되 그 위에 내 그물을 치며 내 올무에 걸리게 하여 끌고 바벨론으로 가서 나를 반역한 그 반역을 거기에서 심판할지며(겔 17:19-20).

3. 이방민족의 심판(겔 25-32장)

1) 공의로우신 하나님께서는 유다의 죄만 책망하시는 것이 아니라, 암몬과 모압과 에돔과 블레셋 등 열방의 죄도 심판하신다(겔 25:15-6).

2) 두로와 시돈

네 무역이 많으므로 네 가운데에 강포가 가득하여 네가 범죄하였도다 너 지키는 그룹아 그러므로 내가 너를 더럽게 여겨 하나님의 산에서 쫓아냈고 불타는 돌들 사이에서 멸하였도다(겔 28:16).

3) 애굽

그러므로 주 야훼께서 이같이 말씀하셨느니라 내가 애굽 땅을 바벨론의 느부갓네살 왕에게 넘기리니 그가 그 무리를 잡아가며 물건을 노략하며 빼앗아 갈 것이라 이것이 그 군대의 보상이 되리라(겔 29:19).

4. 회복의 예언(겔 33-39장)

1) 하나님의 정하신 대로 예루살렘이 멸망되었다.

우리가 사로잡힌 지 열두째 해 열째 달 다섯째 날에 예루살렘에서부터 도망하여 온 자가 내게 나아와 말하기를 그 성이 함락되었다 하였는데(겔 33:21).

2) 멸망이 확실한 것처럼 에스겔을 하나님의 긍휼과 회복을 선언한다. 이전에 황폐한 것이 건축되고 황무한 땅이 기경이 되며 적막한 성읍에 거민이 있게 될 것이다.

3) 해골 골짜기의 환상

마른 뼈들에 힘줄이 생기고 살이 오르며 생기가 있어 살아날 것이다(겔 37장).

5. 새로운 성전(겔 40-48장)

1) 새 성전이 건축되고 하나님의 영광이 임하심

그 후에 그가 나를 데리고 문에 이르니 곧 동쪽을 향한 문이라 이스라엘 하나님의 영광이 동쪽에서부터 오는데 하나님의 음성이 많은 물 소리 같고 땅은 그 영광으로 말미암아 빛나니 그 모양이 내가 본 환상 곧 전에 성읍을 멸하러 올 때에 보던 환상 같고 그발 강 가에서 보던 환상과도 같기로 내가 곧 얼굴을 땅에 대고 엎드렸더니 야훼의 영광이 동문을 통하여 성전으로 들어가고 영이 나를 들어 데리고 안뜰에 들어가시기로 내가 보니 야훼의 영광이 성전에 가득하더라(겔 43:1-5).

2) 거룩한 구역

너희는 제비 뽑아 땅을 나누어 기업으로 삼을 때에 한 구역을 거룩한 땅으로 삼아 야훼께 예물로 드릴지니 그 길이는 이만 오천 척이요 너비는 만 척이라 그 구역 안 전부가 거룩하리라(겔 45:1).

3) 성전에서 생명의 물이 흘러나옴

그가 나를 데리고 성전 문에 이르시니 성전의 앞면이 동쪽을 향하였는데 그 문지방 밑에서 물이 나와 동쪽으로 흐르다가 성전 오른쪽 제단 남쪽으로 흘러 내리더라(겔 47:1).

4) 야훼삼마: 야훼께서 거기 계신다.

그 사방의 합계는 만 팔천 척이리 그 날 후로는 그 성읍의 이름을 야훼삼마라 하리라(겔 48:35).

Ⅳ. 중심 사상

1. 신관(神觀)

하나님의 초월성(겔 1:26-8), 목자되심(겔 34장), 생명의 하나님(마른 뼈의 환상과 생명수의 강)

2. 종교의식의 중요성

엄중한 제사장의 선별과 레위인의 봉사, 거룩한 속죄제와 속건제를 드림

3. 개인 책임(겔 18장)

가령 내가 악인에게 말하기를 너는 죽으리라 하였다 하자 그가 돌이켜 자기의 죄에서 떠나서 정의와 공의로 행하여 저당물을 도로 주며 강탈한 물건을 돌려 보내고 생명의 율례를 지켜 행하여 죄악을 범하지 아니하면 그가 반드시 살고 죽지 아니할지라(겔 33:14-15).

4. 파수꾼

인자야 내가 너를 이스라엘 족속의 파수꾼으로 삼음이 이와 같으니라 그런즉 너는 내 입의 말을 듣고 나를 대신하여 그들에게 경고할지어다 가령 내가 악인에게 이르기를 악인아 너는 반드시 죽으리라 하였다 하자 네가 그 악인에게 말로 경고하여 그의 길에서 떠나게 하지 아니하면 그 악인은 자기 죄악으로 말미암아 죽으러니와 내가 그의 피를 네 손에서 찾으리라(겔 33:7-8).

V. 나가는 말

제사장이면서 선지자였던 에스겔에게 있어서 특이한 것은 성전 예배의 강조이다. 그의 엄격하고 치밀한 예배의식의 강조는 오늘날 구원받은 하나님 백성들이 마음과 목숨과 뜻과 힘을 다하여 하나님을 섬기는 성도의 삶의 자세를 촉구하는 메시지이다.

다니엘

이 모든 일이 다 나 느부갓네살 왕에게 임하였느니라 열두 달이 지난 후에 내가 바벨론 왕궁 지붕에서 거닐새 나 왕이 말하여 이르되 이 큰 바벨론은 내가 능력과 권세로 건설하여 나의 도성으로 삼고 이것으로 내 위엄의 영광을 나타낸 것이 아니냐 하였더니 이 말이 아직도 나 왕의 입에 있을 때에 하늘에서 소리가 내려 이르되 느부갓네살 왕아 네게 말하노니 나라의 왕위가 네게서 떠났느니라 네가 사람에게서 쫓겨나서 들짐승과 함께 살면서 소처럼 풀을 먹을 것이요 이와 같이 일곱 때를 지내서 지극히 높으신 이가 사람의 나라를 다스리시며 자기의 뜻대로 그것을 누구에게든지 주시는 줄을 알기까지 이르리라 하더라(단 4:28-32).

Ⅰ. 들어가는 말

"그리 아니 하실지라도 왕이여 우리가 왕의 신들을 섬기지도 아니하고 왕의 세우신 금 신상에게 절하지도 아니할 줄을 아옵소서"(단 3:19).

여기에서 우리는 하나님의 섭리의 위대성과 그의 승리를 보게 된다. 한때 우상을 선택하고 숭배한 죄악으로 망국의 심판을 받은 하나님의 백성들은 이제 죽음의 위협 속에서도 하나님을 택하고 있는 것이다.

Ⅱ. 배경

1. 저자

'하나님은 심판자이다' 란 뜻을 가진 다니엘은 이방 민족의 국가에서 정치가로 활동하였다. 전통적으로 다니엘서는 주전 6세기에 다니엘이 기록한 것으로 보며, 비평적인 입장에서는 주전 2세기 안티오쿠스 4세의 핍박 때 유대인을 위로하기 위해 지은 것으로 본다. 다니엘서는 히브리 성서에 성문서로 구분되고 있으나 우리 성서에서 대예언서로 구분되었다(마 24:15).

2. 목적

다니엘서는 역사에서 활동하시는 하나님을 강조함으로써 불의한 세상에서 그의 백성을 지키시는 하나님을 신앙하게 한다. 또한 역사의 진행은 하나님의 뜻대로 이루어지며, 종말에 하나님의 왕국이 건설될 것임을 밝혀준다.

Ⅲ. 내용 개요

1. 역사 속의 하나님(단 1-6장)

하나님의 심판은 파멸이 목적이 아니라 회개시키려는데 있으므로 하나님께서는 절대왕권을 가진 바벨론 제국 속에서도 신앙을 지키려는 그의 백성들을 보호해 주신다.

1) 음식으로 율법을 지키려 하는 믿음을 가진 자를 돌보심

왕이 그들과 말하여 보매 무리 중에 다니엘과 하나냐와 미사엘과 아사랴와 같은 자가 없으므로 그들을 왕 앞에 서게 하고 왕이 그들에게 모든 일을 묻는 중에 그 지혜와 총명이 온 나라 박수와 술객보다 십 배나 나은 줄을 아니라(단 1:19-20).

2) 우상숭배를 거절한 다니엘의 세 친구의 타협없는 신앙

총독과 지사와 행정관과 왕의 모사들이 모여 이 사람들을 본즉 불이 능히 그들의 몸을 해하지 못하였고 머리털도 그을리지 아니하였고 겉옷 빛도 변하지 아니하였고 불 탄 냄새도 없었더라(단 3:27).

3) 사자굴의 다니엘

정권이 바뀌어 다리오가 왕이 되었어도 기도의 절개를 지킨 다니엘은 승리할 수 있었다.

다니엘이 이 조서에 왕의 도장이 찍힌 것을 알고도 자기 집에 돌아가서는 윗방에 올라가 예루살렘으로 향한 창문을 열고 전에 하던 대로 하루 세 번씩 무릎을 꿇고 기도하며 그의 하나님께 감사하였더라(단 6:10).

4) 세상 나라를 다스리시는 하나님

하나님의 역사는 불신자와 불신 국가에서도 강하게 나타난다. 곧 금, 은, 동, 철과 진흙으로 상징된 세계 제국의 흥망성쇠(단 2장)와, 절대군주의 세운과 폐함을 뜻대로 하시고(단 4장), 교만한 벨사살왕과 바벨론을 멸망케 하신다(단 5장).

기록된 글자는 이것이니 곧 메네 메네 데겔 우바르신이라 그 글을 해석하건

대 메네는 하나님이 이미 왕의 나라의 시대를 세어서 그것을 끝나게 하셨다 함이요 데겔은 왕을 저울에 달아 보니 부족함이 보였다 함이요 베레스는 왕의 나라가 나뉘어서 메대와 바사 사람에게 준 바 되었다 함이니이다 하니 이에 벨사살이 명하여 그들이 다니엘에게 자주색 옷을 입히게 하며 금 사슬을 그의 목에 걸어 주고 그를 위하여 조서를 내려 나라의 셋째 통치자로 삼으니라(단 5:25-29).

2. 묵시적 환상(단 7-12장)

1) 네 짐승의 환상(단 7장)

2장에서 느부갓네살이 꿈꾼 네 제국은 7장에서 다니엘이 본 네 마리의 짐승과 열 뿔의 환상으로 반복 강조된다.

2) 두 짐승의 환상(단 8장)

수양의 두 뿔은 메대와 바사이며, 수염소는 헬라 제국으로 알렉산더 대왕과 그 네 명의 후계자에 대한 환상이다. 수염소에게 새로난 네 뿔 가운데 하나가 영화로운 땅을 침범한다.

3) 70이레의 환상(단 9장)

70이레는 7이레와 62이레로 세분되는데, 7이레는 고레스의 성전 재건 명령으로부터 에스라와 느헤미야 개혁까지, 62이레는 그 이후로부터 그리스도의 초림까지를 말한다. 마지막 한 이레는 그리스도의 재림 직전의 환난 시대를 뜻하는 것으로 해석되고 있다.

그가 장차 많은 사람들과 더불어 한 이레 동안의 언약을 굳게 맺고 그가 그 이레의 절반에 제사와 예물을 금지할 것이며 또 포악하여 가증한 것이 날개를 의지하여 설 것이며 또 이미 정한 종말까지 진노가 황폐하게 하는 자에게 쏟아지리라 하였느니라 하니라(단 9:27).

4) 남북 왕들의 전쟁(단 10-11장)

다시 하나님의 계시가 다니엘에게 전달되는데, 그것은 남북왕(톨레미와 셀류코스 왕조) 사이의 전쟁에 관한 것이다. 이 전쟁은 적그리스도의 출현으로 말미암는 말세의 전쟁을 예표하며, 그 때대 환란이 있을 것이지만 택함받은 자들은 모두 구원을 받게 될 것이다.

> 그 때에 네 민족을 호위하는 큰 군주 미가엘이 일어날 것이요 또 환난이 있으리니 이는 개국 이래로 그 때까지 없던 환난일 것이며 그 때에 네 백성 중 책에 기록된 모든 자가 구원을 받을 것이라(단 12:1).

Ⅳ. 중심 사상

1. 적그리스도의 출현(단 9:27; 11:31; 12:11; 참조. 마 24:15)

2. 천사 사상

천사가 익명이나 미가엘처럼 직접 이름을 밝히고 출현한다. 천사는 하나님의 명을 전하거나 여러 나라를 보호하는 일을 수행한다.

3. 인자 사상

인자 같은 이(단 7:13)는 메시아, 즉 예수 그리스도를 말한다. 인자의 나라는 영원한 하나님 나라이며, 그의 백성은 거룩한 성도들이다.

4. 부활 사상

구약성서에서 가장 확실하게 개개인의 부활을 말해준다. 이전의 호세아(호 6:2)나 에스겔 37장의 민족적 부활보다 발전된 사상이다.

> 땅의 티끌 가운데에서 자는 자 중에서 많은 사람이 깨어나 영생을 받는 자도 있겠고 수치를 당하여서 영원히 부끄러움을 당할 자도 있을 것이며 지혜 있는 자는 궁창의 빛과 같이 빛날 것이요 많은 사람을 옳은 데로 돌아오게 한 자는 별과 같이 영원토록 빛나리라(단 12:2-3).

구약의 부활 사상은 점진적으로 발전하여 신약에서 확실하게 완성된다.

> 그리스도께서 다시 살아나신 일이 없으면 너희의 믿음도 헛되고 너희가 여전히 죄 가운데 있을 것이요 또한 그리스도 안에서 잠자는 자도 망하였으리니 만일 그리스도 안에서 우리가 바라는 것이 다만 이 세상의 삶뿐이면 모든 사람 가운데 우리가 더욱 불쌍한 자이리라(고전 15:17-19).

Ⅴ. 나가는 말

바벨론은 우상숭배의 본거지요 귀신들의 처소로 상징되고 있다. 그러나 다니엘서는 우상의 소굴에서 역사하시는 하나님을 증거함으로써 어떤 우상보다 뛰어난 하나님의 우월성을 드러내는 것을 목적으로 하고 있다. 이러므로 이런 불신 세계 속에서 신앙의 절개를 지키기 위해 역경에 처한 자들은 멸망하고 쇠퇴하기는 커녕 더욱 높아지고 존귀하게 된 것이다.

Part 5.

소선지서

호세아
요엘
아모스
오바댜
요나
미가
나훔
하박국
스바냐
학개
스가랴
말라기

호세아

오라 우리가 야훼께로 돌아가자 야훼께서 우리를 찢으셨으나 도로 낫게 하실 것이요 우리를 치셨으나 싸매어 주실 것임이라 야훼께서 이틀 후에 우리를 살리시며 셋째 날에 우리를 일으키시리니 우리가 그의 앞에서 살리라 그러므로 우리가 야훼를 알자 힘써 야훼를 알자 그의 나타나심은 새벽 빛 같이 어김없나니 비와 같이, 땅을 적시는 늦은 비와 같이 우리에게 임하시리라 하니라(호 6:1-3).

Ⅰ. 들어가는 말

간음하다가 현장에서 붙잡힌 여인에게 분노한 군중들이 돌을 움켜쥐고 막 던지려 했다. 그 때 주 예수께서 말씀하셨다. "너희 중에 죄 없는 자가 먼저 치라." 저희가 이 말씀을 듣고 양심의 가책을 받아 하나씩 자리를 떠났다. 예수님의 구원사역처럼 호세아는 영적 간음인 우상숭배에 빠진 이스라엘을 회개하게 하고 경고하기 위해 사역한 예언자이다.

Ⅱ. 배경

1. 저자

호세아의 이름은 히브리어로 "구원"이라는 뜻으로 여호수아나 신약의 예수와 같은 의미를 갖고 있다. 그는 북왕국 이스라엘의 예언자로 그의 소명전의 직업과 신분을 명확하게 알 수 없다. 어떤 사람은 화덕에 대한 비유가 여러 번 나오고 있는 것을 볼 때 빵을 굽는 직업에 종사했다고 여긴다.

> 그들은 다 간음하는 자라 과자 만드는 자에 의해 달궈진 화덕과 같도다 그가 반죽을 뭉침으로 발효되기까지만 불 일으키기를 그칠 뿐이니라 우리 왕의 날에 지도자들은 술의 뜨거움으로 병이 나며 왕은 오만한 자들과 더불어 악수하는도다 그들이 가까이 올 때에 그들의 마음은 간교하여 화덕 같으니 그들의 분노는 밤새도록 자고 아침에 피우는 불꽃 같도다 그들이 다 화덕 같이 뜨거워져서 그 재판장들을 삼키며 그들의 왕들을 다 엎드러지게 하며 그들 중에는 내게 부르짖는 자가 하나도 없도다 에브라임이 여러 민족 가운데에 혼합되니 그는 곧 뒤집지 않은 전병이로다(호 7:4-8).

2. 목적

호세아의 가정생활을 통하여 하나님과 이스라엘의 관계를 깨닫게 해준다. 부정한 아내로 인한 호세아의 고통과 책망과 구속의 이야기는 배교한 이스라엘을 심판하고 구원하시는 하나님의 사랑을 예표하고 있다.

Ⅲ. 내용 개요

1. 호세아의 가정생활(호 1-3장)

1) 고멜과의 결혼

부모를 만나는 것은 천륜(天倫)이요, 부부가 되는 것은 인륜(人倫)이지만, 인륜이 천륜을 능가한다.

2) 세 자녀를 낳고 상징적인 이름을 붙여줌

3) 사회적 신인동성동형론(Social Anthropomorphism)

하나님의 이스라엘 백성들을 향한 사랑과 이스라엘의 배신에 대해서 호세아의 가정을 통해서 구체적으로 이해할 수 있게 된다.

2. 하나님의 영원하신 사랑 헤세드(חֶסֶד)

1) 선택적 사랑(electional love)

호세아는 고멜을 선택함

2) 계약적 사랑(covenantal love)

호세아는 결혼생활에 신실하였으나 고멜은 결혼생활에 불성실하여, 끝내 정부를 따라 집을 나가므로 계약을 파기했다.

3) 구속적 사랑(redemptive love)

호세아는 정부에게서조차 버림받은 고멜을 값을 주고 다시 데려왔다.

4) 이처럼 고멜과의 결혼생활을 통하여 전혀 무가치한 죄인을 구속하시는 하나님의 극진하신 사랑이 나타난다. 못났음에도 불구하고 버림받아야 마땅함에도 불구하고 우리를 구원해 주시는 하나님의 영원한 사랑을 '헤세드'라고 부른다.

2. 이스라엘과 야훼와의 논쟁(호 4-14장)

1) 체험적 지식이 없는 백성(호 4:1-6:3)

가나안의 풍요의식에 마음을 빼앗긴 백성들에게 하나님께서는 풍요를 제거하는 심판을 내리실 것이다. 그러나 심판보다 위대한 하나님의 사랑이 회개를 촉구한다.

하나님께 돌아가는데 필요한 것은 제사 예물이나 번제물이 아니다. 하나님은 오직 인애(헤세드)를 원하고 제사를 원치 아니하며 번제 보다 그를 아는 것을 원하시는 것이다. 여기에서 아는 것이란 단순히 머리로만 아는 지식을 넘어서 체험적이고 전인적인 지식을 말한다.

> 그러므로 우리가 야훼를 알자 힘써 야훼를 알자 그의 나타나심은 새벽 빛 같이 어김없나니 비와 같이, 땅을 적시는 늦은 비와 같이 우리에게 임하시리라 하니라(호 6:3).

2) 계약에 대한 불충성(호 6:4-13:16)

하나님 대신에 애굽의 도움을 구하는 백성들에게 앗수르에 점령당하는 수치를 당케 하실 것이다. 그러나 징계하실지라도 이스라엘을 향한 하나님의 사랑은 식지 않을 것이다.

> 에브라임이여 내가 어찌 너를 놓겠느냐 이스라엘이여 내가 어찌 너를 버리겠느냐 내가 어찌 너를 아드마 같이 놓겠느냐 어찌 너를 스보임 같이 두겠느냐 내 마음이 내 속에서 돌이키어 나의 긍휼이 온전히 불붙듯 하도다(호 11:8).

3) 회개의 촉구와 축복(호 14:1-9)

야훼는 이스라엘에게 돌아오라고 하신다. 마침내 하나님의 진노가 그쳐서 메마르고 황폐해진 이스라엘에 이슬이 내려 백합화가 피고 백향목 뿌리가 박힐 것이다(호 14:5). 아골 골짜기가 소망의 문으로 바뀌고 이스라엘은 온전히 하나님을 사랑하게 될 것이다(호 2:15). 하나님은 풍성한 열매를 주시는 푸른 잣나무 같은 분이시다.

에브라임의 말이 내가 다시 우상과 무슨 상관이 있으리요 할지라 내가 그를 돌아보아 대답하기를 나는 푸른 잣나무 같으니 네가 나로 말미암아 열매를 얻으리라 하리라(호 14:8).

Ⅳ. 중요 메시지

1. 사랑의 하나님

호세아는 하나님의 강력한 사랑을 절실하게 표현하고 있다. 이스라엘의 고난도 하나님의 사랑의 품을 떠난 결과로 말한다.

2. 전인적 지식의 강조

나는 인애를 원하고 제사를 원하지 아니하며 번제보다 하나님을 아는 것을 원하노라(호 6:6).

1) 지식은 빛이다.

맹목적인 신앙이 건전할 수 없다. 지식이 없이 하나님을 믿는 사람은 어리석은 우상과 이단사설에 유혹받을 수 있다.

2) 사랑은 힘이다.

하나님과 동행하려면 사랑의 체험이 있어야 한다. 그러므로 머리만의 율법적 지식이 아니라 체험적으로 하나님을 아는 지식을 가져야 한다.

3. 이스라엘의 3대 죄악

1) 풍요의 바알을 숭배한 것

2) 하나님과의 계약을 파기한 것

3) 종교 지도자들이 부패한 것

죄악이 증가할수록 속죄제물이 늘어나므로 제사장들의 수입이 늘어난다.

그들이 내 백성의 속죄제물을 먹고 그 마음을 그들의 죄악에 두는도다(호 4:8).

V. 나가는 말

호세아서에는 직접적인 성령의 언급이 없지만, 보이지 않는 성령의 역사가 매우 중요하게 나타나는 책이다. 성령을 통해서 우리는 하나님의 사랑을 깨닫게 되고(롬 5:5), 성령을 통해서 하나님에 대한 지적(知的) 동의(同意)에서 체험적 신앙으로 들어가게 된다. 성령의 이슬 같은 은총으로 인하여 우리의 황폐해진 삶에 풍성한 결실이 있게 된다.

호세아가 강조하는 하나님에 대한 지(知)와 사랑, 그것은 성령에 의해 수여되는 은총의 역사인 것이다.

요 엘

그 후에 내가 내 영을 만민에게 부어 주리니 너희 자녀들이 장래 일을 말할 것이며 너희 늙은이는 꿈을 꾸며 너희 젊은이는 이상을 볼 것이며 그 때에 내가 또 내 영을 남종과 여종에게 부어 줄 것이며 내가 이적을 하늘과 땅에 베풀리니 곧 피와 불과 연기 기둥이라 야훼의 크고 두려운 날이 이르기 전에 해가 어두워지고 달이 핏빛 같이 변하려니와 누구든지 야훼의 이름을 부르는 자는 구원을 얻으리니 이는 나 야훼의 말대로 시온 산과 예루살렘에서 피할 자가 있을 것임이요 남은 자 중에 나 야훼의 부름을 받을 자가 있을 것임이니라(욜 2:28-32).

Ⅰ. 들어가는 말

요엘서에는 하나님의 뜻을 살필 수 있는 세 가지가 나타난다. 첫째, 자연재앙은 하나님의 뜻을 아는 도구로 메뚜기 재앙과 농산물의 수확감소가 백성들의 죄와 하나님의 심판을 가리킨다. 둘째, 사람의 마음이 앞날의 삶을 미리 짐작할 수 있게 해준다. 옷이 아닌 마음을 찢는 자세야말로 하나님의 긍휼을 얻게 하는 첩경이다. 셋째, 성령의 충만함이 모든 역경을 이기고 살아가게 하는 길이다. 남녀노소를 무론 하고 소망은 인생의 활력소이다. 그래서 꿈이 없는 개인이나 민족은 망할 수밖에 없다. 그런데 요엘은 자녀와 노인, 청년 등 모든 인생에게 꿈을 주시는 성령의 역사를 예언하고 있다.

Ⅱ. 배경

1. 저자

요엘은 "야훼는 하나님이시다"라는 뜻이다. 브두엘의 아들인 그의 생애는 알려져 있지 않지만, 대체로 유다의 요아스왕 시대에 활동하였다고 여겨진다. 전승에 의하면 르우벤 족속에 속했다고 하며, 제사장으로 성전 선지자로 간주되기도 한다.

2. 목적

요엘은 백성들이 죄를 깨닫고 회개할 것을 촉구한다. 그는 열정적이며, 명령형으로 하나님의 백성들이 "깨어나라, 돌아오라, 기뻐하라"고 외친다. 그러나 그의 문체는 매우 교양 있고 품위가 있으며, 선명하고 유창하다. 구약성서에서 가장 아름다운 문장으로 기록된 성경의 하나이다.

Ⅲ. 내용 개요

1. 하나님의 심판을 선언함(욜 1:2-2:11)

1) 메뚜기 재앙을 통한 경고

요엘은 유다를 내습한 메뚜기 떼의 재앙과 극심한 한발을 하나님의 심판으로 보고 회개를 촉구하고 있다. 그는 이러한 재앙들이 우연히 다가온 것이 아니라 유다 민족의 죄로 말미암은 것임을 확신시키고 있다.

다른 한 민족이 내 땅에 올라왔음이로다 그들은 강하고 수가 많으며 그 이빨은 사자의 이빨 같고 그 어금니는 암사자의 어금니 같도다 그들이 내 포도나무를 멸하며 내 무화과나무를 긁어 말갛게 벗겨서 버리니 그 모든 가지가 하얗게 되었도다(욜 1:6-7).

2) 야훼의 날(욤 아도나이, יוֹם־יְהוָה)요엘은 진정한 헌신이 없이 '야훼의 날'을 무사안일주의로 기다리고 있는 백성들에게 그 날은 기쁨의 날이 아니라, 어둡고 캄캄한 날이라고 외친다.

솔로몬의 배교로 남북이 분열된지 100여년이 지난 요엘 시대에 백성들은 막연히 다윗에게 약속하신 야훼의 구원과 번영의 날을 고대할 뿐 여전히 우상숭배, 특히 여호사밧왕 이후로 침투하기 시작한 시돈의 바알숭배를 완전히 청산하지 않고 있었던 것이다. 회개가 없는 백성에게 거룩하신 하나님이 임하시는 것은 재앙을 초래하는 것이다.

2. 회개를 촉구함(욜 2:12-32)

1) 요엘은 이제라도 회개하면 하나님의 축복이 임할 것이라고 선포한다. 하나님께서는 마음을 찢는 회개를 원하신다.

너희는 옷을 찢지 말고 마음을 찢고 너희 하나님 야훼께로 돌아올지어다 그는 은혜로우시며 자비로우시며 노하기를 더디하시며 인애가 크시사 뜻을 돌이켜 재앙을 내리지 아니하시나니(욜 2:13).

2) 영적 축복에는 물질적 축복이 뒤따른다.

영적이고 물질적인 축복이 병행되는 것은 구약적 특징이다. 마음을 찢는 참된 기도를 드릴 때 곡식과 포도주와 기름이 넘쳐나는 물질적 축복과 성령이 부어지는 영적 축복이 임하게 된다(욜 2:28-32).

특히 성령충만에서 오는 자녀들의 예언과 노인들의 꿈, 청년의 이상은 미래를 창조하는 능력을 뜻하는 것으로 중요하다. 성령께서는 환난과 재앙을 변화시켜 새롭고 좋은 일을 만드시는 창조의 영이시다.

그 후에 내가 내 영을 만민에게 부어 주리니 너희 자녀들이 장래 일을 말할 것이며 너희 늙은이는 꿈을 꾸며 너희 젊은이는 이상을 볼 것이며(욜 2:28).

3. 열방에 대한 종말적 심판(욜 3:1-17)

이스라엘을 대적하고 괴롭히던 사면의 열국들은 여호사밧 골짜기에 모여 하나님의 심판을 받게 된다. 그날은 해와 달이 캄캄하며 별들도 그 빛을 거두는 처절한 날이다.

사람이 많음이여, 심판의 골짜기에 사람이 많음이여, 심판의 골짜기에 야훼의 날이 가까움이로다 해와 달이 캄캄하며 별들이 그 빛을 거두도다(욜 3:14-15).

4. 유다의 회복(욜 3:18-21)

죄악에 가득찬 열방들이 심판받는 야훼의 날은 회개한 유다 백성들이 회복되는 날이다. 그날에 유다의 산야에는 포도주와 젖이 흐르며 야훼의 전에서 샘이 넘쳐흐를 것이다.

그 날에 산들이 단 포도주를 떨어뜨릴 것이며 작은 산들이 젖을 흘릴 것이며 유다 모든 시내가 물을 흘릴 것이며 야훼의 성전에서 샘이 흘러 나와서 싯딤 골짜기에 대리라(욜 3:18).

Ⅳ. 중요한 교훈

1. 메뚜기 재앙

메뚜기의 내습과 가뭄의 자연적 재앙은 죄에 대한 하나님의 심판으로 해석한다. 물질적인 손실의 배경에 있는 종교적 의미와 자연계를 주관하시는 하나님의 권능을 말한다.

2. 야훼의 날

요엘에 다섯 번 나타나는 야훼의 날은 공포의 날인 동시에 축복의 날이다. 그날에 악인들이 멸망을 당하고, 의인들이 보상을 받는다.

3. 성령을 부어주심

요엘은 말세에 부어지는 성령의 강림을 예언한 선지자이다. 그래서 요엘을 오순절 성령강림의 예언자(Prophet of Pentecost)라고 한다. 성령은 내일에 대한 꿈과 기대하는 마음을 주신다.

Ⅴ. 나가는 말

요엘은 자연을 통해서 나타난 하나님의 계시를 인간사에 적용시킨 선지자이다. 그는 메뚜기 재앙을 보면서 인간의 회개를 외쳤고, 하나님의 뜻을 깨달으라고 하였다. 그는 심판의 날에 회복을 꿈꿨는데, 그 회복의 원동력을 성령강림에 두었다.

아모스

내가 너희 절기들을 미워하여 멸시하며 너희 성회들을 기뻐하지 아니하나니 너희가 내게 번제나 소제를 드릴지라도 내가 받지 아니할 것이요 너희의 살진 희생의 화목제도 내가 돌아보지 아니하리라 네 노랫소리를 내 앞에서 그칠지어다 네 비파 소리도 내가 듣지 아니하리라 오직 정의를 물 같이, 공의를 마르지 않는 강 같이 흐르게 할지어다(암 5:21-24).

Ⅰ. 들어가는 말

정의를 부르짖는 투사! 논전가를 넘어서 독설가처럼 보이는 비판자 아모스! 그는 이스라엘 번영 시대의 말기에 나타난 종교적 정치적 불의와 부패를 가차없이 파헤친 전형적인 심판 예언자였다.

그러나 아모스가 최상의 대표적 선지자는 아니다. 그는 수십 명의 구약 선지자 중의 한사람이며, 자신을 부르신 하나님께 충성한 선지자일 뿐이다. 모든 주의 종은 각자에게 주신 달란트대로 충성해야 한다.

Ⅱ. 배경

1. 저자

아모스는 '짐, 또는 짐을 운반하는 자'의 뜻으로 예루살렘에서 16km 떨어진 드고아 사람이다. 그는 양을 치고 뽕나무를 재배하는 자로 가문의 언급이 없는 평범한 집안의 출신이었다.

그의 신분을 가난한 프롤레타리아나 과수원을 가진 부르조아로 보든지 그보다 더욱 중요한 것은 하나님의 부르심을 받았다는 것이다. 그는 확실한 소명에 힘입어 어떤 압박에도 굴복하지 않고, 소신 있게 하나님의 말씀을 전파하였다.

2. 활동시대

아모스는 이스라엘이 솔로몬 시대 이후 최고로 번영한 여로보암 2세의 통치 말기에 활동하였다. 백성들은 국가의 물질적 번영으로 인하여 풍요한 생활을 누린 반면에 빈부의 격차가 심해지고, 정치와 경제와 종교적으로 부패와 타락이 극심해졌다. 아모스는 사회적 정의가 중요하다는 것을 가르치지 않을 수 없었다.

3. 목적

아모스서는 하나님의 심판을 전하는 데 목적이 있다. 근본적으로는 이스라엘의 멸망을 선포하였으며, 또한 열방에 대한 심판을 전하였다.

Ⅲ. 내용 개요

1. 열방에 대한 심판 선언(암 1:1-2:16)

아모스는 유다와 이스라엘을 비롯하여 주변 6개국의 서너 가지 죄들을 책망함으로써 하나님의 심판의 공정성을 보여주고 있다. 이 여러 나라들의 죄악의 공통점을 찾는다면 바로 약한 자들을 박해하였다는 것인데, 바로 이 점이 아모스 정의관의 두드러진 특징이다.

> 야훼께서 이와 같이 말씀하시되 암몬 자손의 서너 가지 죄로 말미암아 내가 그 벌을 돌이키지 아니하리니 이는 그들이 자기 지경을 넓히고자 하여 길르앗의 아이 밴 여인의 배를 갈랐음이니라(암 1:13).

2. 이스라엘의 범죄와 파멸(암 3:1-6:14)

1) 예언자의 권위

그 어떤 하나님의 종이 재앙 선포하기를 즐기겠는가마는 야훼께서 말씀하신즉 예언하지 않을 수 없다.

> 사자가 부르짖은즉 누가 두려워하지 아니하겠느냐 주 야훼께서 말씀하신즉 누가 예언하지 아니하겠느냐(암 3:8).

2) 거짓된 종교의식의 책망(암 5:21-23)

아침마다 드리는 희생제물, 3일마다 드리는 십일조 및 수은제와 낙헌제 등의 각종 예물들은 죄를 더하는 것일 뿐 하나님께 열납되지 못한다. 이들이 끊임없이 찾아오는 축제의 날들과 찬양 소리조차 하나님께서 미워하고 역겨워하신다.

도대체 무엇 때문에 하나님께서는 각종 성회와 절기와 쏟아져 들어오는 예물들을 마다하시고 얼굴을 돌리실까?

3) 정의로운 삶의 강조(암 5:24)

아모스는 결코 예배를 등한시하는 예언자가 아니다. 다만 그는 예배가 생활과 일치되어야 한다는 점을 역설하고 있다. 하나님께서는 성전에만 계시는 분이 아니라 재판정에, 시장에, 매일 매일의 삶 속에 계시는 분이다.

그 때문에 진정한 하나님의 경외는 성문 앞과 재판정에서의 정직한 외침을 수용하는 언로가 열린 사회(암 5:10)와 민족 공동체를 위한 검소한 생활(암 6:4-6), 정당한 상거래를 통한 이익추구(암 8:5-6) 등으로 나타난다.

불의와 속임수로 폭리를 얻어 드리는 예물과 그러한 죄책감과 갈등 속에서 성전으로 찾아오는 발걸음은 하나님께 열납되지 않는다. 이러한 사실은 자본주의의 단점을 극복하는 성경적 방법이 된다.

3. 아모스의 환상(암 7:1-9:15)

1) 심판을 멈추게 하는 기도

문득 아모스가 눈을 들어보니 이스라엘을 심판하시는 환상이 나타났다. 아모스의 간절한 기도로 인하여 황충과 불의 심판은 내려지지 않지만 공의의 다림줄 심판은 내려지게 된다.

2) 메뚜기와 불, 다림줄, 여름 과일, 기둥머리의 환상

몇 가지 심판이 용서될지라도 죄악이 남아 있는 한 완전히 면제받을 수 없다. 하나님의 심판은 속히 그리고 철저히 시행될 것이다.

3) 하나님의 긍휼과 회복

그날이 오면 무너진 다윗의 천막이 세워지고 이스라엘은 번성케 될 것이다.

> 내가 그들을 그들의 땅에 심으리니 그들이 내가 준 땅에서 다시 뽑히지 아니하리라 네 하나님 야훼의 말씀이니라(암 9:15).

Ⅳ. 중요한 교훈

1. 의(義)의 하나님

아모스는 당시의 사회적 경제적 불의와 부정을 보면서 하나님은 불의와 양립할 수 없는 정의의 하나님이심을 선포하였다. 하나님의 우주적인 정의의 공정한 잣대로 이스라엘과 유다뿐 아니라 모든 민족들의 심판을 받는다고 강조하였다.

2. 진정한 예배

야훼께서는 정의롭지 않는 희생제물과 절기, 음악 등 일체의 종교의식을 원하지 않는다는 혁명적인 선언을 함으로써 제사장의 핍박을 받는다.

> 아마샤가 또 아모스에게 이르되 선견자야 너는 유다 땅으로 도망하여 가서 거기에서나 떡을 먹으며 거기에서나 예언하고 다시는 벧엘에서 예언하지 말라 이는 왕의 성소요 나라의 궁궐임이니라(암 7:12-13).

Ⅴ. 나가는 말

아모스에서 우리는 침례 요한의 모습을 본다. 헤롯의 불의를 지적하다가 순교한 요한의 짧은 생애만큼 아모스의 감추어진 일생도 극히 힘차고도 짧았다고 여겨진다. 그러나 아모스는 정의의 투사의 표상으로 인류역사에 각인되어 영원히 기억될 것이다.

오바댜

네가 네 형제 야곱에게 행한 포학으로 말미암아 부끄러움을 당하고 영원히 멸절되리라 네가 멀리 섰던 날 곧 이방인이 그의 재물을 빼앗아 가며 외국인이 그의 성문에 들어가서 예루살렘을 얻기 위하여 제비 뽑던 날에 너도 그들 중 한 사람 같았느니라 네가 형제의 날 곧 그 재앙의 날에 방관할 것이 아니며 유다 자손이 패망하는 날에 기뻐할 것이 아니며 그 고난의 날에 네가 입을 크게 벌릴 것이 아니며 내 백성이 환난을 당하는 날에 네가 그 성문에 들어가지 않을 것이며 환난을 당하는 날에 네가 그 고난을 방관하지 않을 것이며 환난을 당하는 날에 네가 그 재물에 손을 대지 않을 것이며 네거리에 서서 그 도망하는 자를 막지 않을 것이며 고난의 날에 그 남은 자를 원수에게 넘기지 않을 것이니라(옵 1:10-14).

Ⅰ. 들어가는 말

사촌이 땅을 사면 배가 아프다는 말이 우리나라 속담으로 국한되는 것은 아닌 듯싶다. 쌍둥이 형제로 태어난 에서와 야곱의 후손들은 서로 반목질시를 거듭하다가, 급기야 야곱의 자손인 유다의 멸망을 에서의 자손이 기뻐하기에 이른다. 바로 이러한 잘못된 태도에 대한 하나님의 심판을 오바댜서는 기록하고 있다.

Ⅱ. 배경

1. 특징

오바댜는 구약성경 중 가장 짧은 책으로 전체가 21절로 이루어진 1장뿐이다. 성경은 구약 929장, 신약 260장, 합계 1,189장으로 되어 있는데, 성경에서 가장 긴 장은 시편 119편(176절), 가장 짧은 장은 시편 117편(2절)이며, 성경에서 가장 짧은 절은 데살로니가전서 5장 16절이며, 성경에서 가장 긴 절은 사무엘하 14장 32절이다.

2. 저자

오바댜는 "야훼의 종(עֶבֶד, ebed)" 이란 뜻으로 구약성경에서 흔히 찾아볼 수 있는 이름이며, 따라서 본서의 기록자가 어느 시대에 활동한 인물인가에 대한 견해도 다양하다.

아합 시절의 오바댜(왕상 18:3-4), 유다의 여호람 시대의 인물(왕하 8:20-22), 또는 주전 6세기나 5세기의 인물로 여기기도 한다.

3. 본문의 시대

저자를 명확하게 알 수 없지만, 확실한 것은 예루살렘이 적군에게 공략을 당했던 때를 배경으로 기록되었다는 점이다(옵 1:11).

Ⅲ. 내용 개요

1. 에돔에 대한 심판과 그 이유(옵 1:1-14)

1) 에돔의 교만

에돔 곧 에서의 후손들은 유다 남쪽의 산악지대에 거주하였다. 이들은 일찍부터 국가를 형성하고 있어서 출애굽한 이스라엘의 진로를 저지하기도 했고, 페트라를 비롯한 산악의 요새를 중심으로 강력한 세력을 구축하기도 하였다. 그 결과로 그들은 교만해졌고 교만한 자를 물리치는 하나님의 심판을 피할 수 없게 된 것이다.

> 너의 마음의 교만이 너를 속였도다 바위 틈에 거주하며 높은 곳에 사는 자여 네가 마음에 이르기를 누가 능히 나를 땅에 끌어내리겠느냐 하니 네가 독수리처럼 높이 오르며 별 사이에 깃들일지라도 내가 거기에서 너를 끌어내리리라 야훼의 말씀이니라(옵 1:3-4).

교만이란 자신을 과대평가하여(사탄의 타락) 하나님을 두려워하지 않고 사람을 무시하며(불의한 재판관), 다른 사람의 말을 들으려 하지 않고 자신의 말을 주입시키는 것이다.

2) 페트라

구약성서의 셀라로 나오며, 사해 남쪽 80km에 위치한다. 페트라는 고대 국가 에돔의 수도였으며, 주전 6세기부터 주후 2세기 초까지 아라비아에서 올라와 에돔족을 몰아낸 나바테아 왕국의 중심도시가 되었다. 왕의 대로를 장악하고 대상교역에 의해 수세

기간 부유한 상업도시로서 번영했다. 오랫동안 감춰져 있다가 1812년 유적이 발견되었다.

3) 에돔의 포악한 행동(옵 1:10)

에돔, 즉 에서의 후손들은 형제 민족인 야곱에게 포학한 행동을 하였다. 야곱이 형 에서의 장자권을 빼앗고 축복을 탈취한 행동으로 인하여 사무친 원한이 후손들 사이에 깊은 앙금으로 남게 되었다.

옛말처럼 원교근공으로 가까운 곳을 침공하여 세력을 넓히기를 계속하면, 결국 가까운 사람들과 민족들이 사라져 큰 재앙이 다가오게 된다. 형제가 힘을 합하여 먼 원수를 정복하여야 한다(近交遠攻).

2. 하나님의 세계적 심판(옵 1:15-16)

공정하신 하나님께서는 에돔뿐 아니라 만국을 똑같이 심판하신다. 이러한 세계적인 심판의 날을 "야훼의 날" 이라고 한다.

3. 이스라엘 회복(옵 1:17-21)

야훼의 날은 하나님의 구원을 받는 백성에게는 신원의 날이요 구원의 날이다. 만국이 심판을 당할 때에도 시온은 안전하고, 야곱의 족속들은 자기 기업을 누릴 것이다. 이처럼 대환난 때에도 택함을 받은 그리스도인은 평안하고 구원을 얻게 될 것이다.

4. 디아스포라 유대인이 돌아와 기업을 얻음(옵 1:20)

1) 포로의 귀환

주전 538년 고레스의 포로 귀환령에 따라 고국으로 귀환함

2) 스바랏(סְפָרַד , Sepharad)

이 말은 스페인을 가리키는 말로써 역사적으로는 스페인과 포르투갈에 사는 유대인을 가리킨다. 전승에 의하면 솔로몬 시대부터 이주했다고 하지만 실제로는 기원후 711년 모슬렘의 추방으로 이주하였다. 한편 독일과 프랑스 같은 북서부 유럽에 사는 유대인들을 야슈케나지(Ashkenazi)라고 한다.

Ⅳ. 중심 사상

1. 교만한 민족과 국가의 심판

에돔의 심판은 민족적 교만과 형제에 대한 미움으로 말미암은 것이다.

2. 편협한 국수주의 사상

1) 오바댜서는 에돔에 대한 증오의 책이요, 편협한 민족주의 사상을 적나라하게 드러낸 책으로 간주되기도 한다.

2) 민족과 신앙

민족이 중요하지만 이 세상에서의 관계이며, 신앙은 이 세상 뿐만 아니라 저 세상에서도 항상 있는 더욱 중요한 것이므로 국수주의를 버리고 용서하고 사랑하는 신앙으로 살아가야 한다.

V. 나가는 말

오바댜에 대한 상이한 견해가 제시되고 있어서 선택의 갈등을 느낄 수 있다. 그러나 오바댜는 학대 받고 압제 당하던 이스라엘의 회복과 번영을 노래함으로써, 끝까지 하나님을 신뢰하는 자들은 반드시 하나님의 위로와 축복을 받게 된다는 것을 강조하고 있다.

〈페트라〉

요 나

야훼의 말씀이 두 번째로 요나에게 임하니라 이르시되 일어나 저 큰 성읍 니느웨로 가서 내가 네게 명한 바를 그들에게 선포하라 하신지라 요나가 야훼의 말씀대로 일어나서 니느웨로 가니라 니느웨는 사흘 동안 걸을 만큼 하나님 앞에 큰 성읍이더라 요나가 그 성읍에 들어가서 하루 동안 다니며 외쳐 이르되 사십 일이 지나면 니느웨가 무너지리라 하였더니 니느웨 사람들이 하나님을 믿고 금식을 선포하고 높고 낮은 자를 막론하고 굵은 베 옷을 입은지라 그 일이 니느웨 왕에게 들리매 왕이 보좌에서 일어나 왕복을 벗고 굵은 베 옷을 입고 재 위에 앉으니라(욘 3:1-6).

Ⅰ. 들어가는 말

사흘 동안 물고기 뱃속에 갇혀 있던 사건으로 인해, 요나서는 그 실제 여부에 대한 논란이 많은 만큼 더욱 친근하고 애용되는 책이 되었다. 요나가 물고기 뱃속에 사흘 동안 갇혀 있었다는 것이 전혀 불가능한 것이 아닐 뿐만 아니라, 요나의 체험이 예수님이 사흘 동안 무덤에 갇혀 있다가 부활하신 사실에 대한 예표임을 기억해야 한다.

Ⅱ. 배경

1. 저자

요나는 아밋대의 아들로 주전 8세기에 활동하던 이스라엘 선지자로 여겨진다. 마치 귀소성이 강한 비둘기처럼 요나는 멀리 달아나다가 본궤도로 돌아온다. 그의 행동처럼 요나라는 이름의 뜻이 비둘기인 것은 우연한 일이 아니다. 하지만 멀리 가면 돌아오기가 쉽지 않으므로 죄악에 깊이 빠져서는 안된다.

2. 목적

1) 이스라엘의 열방에 대한 선교적 사명이 강조되고, 편협한 민족주의가 배제되고 있다.

너를 축복하는 자에게는 내가 복을 내리고 너를 저주하는 자에게는 내가 저주하리니 땅의 모든 족속이 너로 말미암아 복을 얻을 것이라 하신지라(창 12:3).

너희가 내게 대하여 제사장 나라가 되며 거룩한 백성이 되리라 너는 이 말을 이스라엘 자손에게 전할지니라(출 19:6).

2) 예언의 열린 특성을 보여준다.

사람이 돌이키면 하나님도 돌이키신다는 예언적 교훈을 전하고 있다. 그러므로 마음을 강퍅하게 먹지 말고, 너무 고집을 부리지 말아야 한다.

Ⅲ. 내용 개요

1. 제1장

1) 요나서 1장에는 요나의 소명과 불순종, 그리고 고난이 기록되어 있다. 하나님의 명령에 불순종할 자유의지가 있지만, 그런 행동에는 고난이 따르게 된다.

2) 요나는 이스라엘을 괴롭히던 앗수르의 수도 니느웨로 가서 회개를 선포하라는 하나님의 명령을 어기고 다시스로 향하는 배를 탄다. 불순종을 할 때에도 일이 형통한 것처럼 보일 수 있다. 그러나 폭풍이 불어와 요나가 탄 배가 위험해지고 사공들은 요나를 바다에 던져버린다. 이 때 커다란 물고기가 요나를 삼켜 버린다.

> 그러나 요나가 야훼의 얼굴을 피하려고 일어나 다시스로 도망하려 하여 욥바로 내려갔더니 마침 다시스로 가는 배를 만난지라 야훼의 얼굴을 피하여 그들과 함께 다시스로 가려고 배삯을 주고 배에 올랐더라(욘 1:3).

2. 제2장

1) 요나의 회개 기도와 구출 받는 이야기이다. 요나가 물고기 뱃속에서 3일 동안 있으면서 하나님 명령에 순종하겠다는 회개 기도를 드리자, 물고기가 요나를 육지에 토해 버린다.

2) 구원의 역사는 마음의 생각을 바꿈에서, 생명을 생각함으로써, 야훼 하나님을 기억함으로써 구원이 임한다. 탕자는 곤고할 때 아버지를 생각하였다.

> 내 영혼이 내 속에서 피곤할 때에 내가 야훼를 생각하였더니 내 기도가 주께 이르렀사오며 주의 성전에 미쳤나이다(욘 2:7).

3. 제3장

1) 요나는 다시 소명을 받고 니느웨에 가서 회개를 선포한다. 그러자 왕으로부터 일반 백성에 이르기까지 하나님을 믿고 금식하는 회개 운동이 일어난다.

2) 듣든지 아니 듣든지 복음을 전해야 한다.

3) 하나님도 돌이키셔서 심판을 내리지 않는다.

사람이 회개하면(שׁוּב) 하나님도 돌이키신다(נחם).

하나님이 뜻을 돌이키시고 그 진노를 그치사 우리가 멸망하지 않게 하시리라 그렇지 않을 줄을 누가 알겠느냐 한지라 하나님이 그들이 행한 것 곧 그 악한 길에서 돌이켜 떠난 것을 보시고 하나님이 뜻을 돌이키사 그들에게 내리리라고 말씀하신 재앙을 내리지 아니하시니라(욘 3:9-10).

4. 제4장

1) 악인이 멸망하는 것이 일반적인 이치요 기쁨이다.

니느웨에 내려진 하나님의 용서와 긍휼에 대해 요나가 투정을 부리는 것처럼 악인이 멸망하지 않고 심판이 지연되는 것을 기뻐하지 않는다.

2) 그러나 하나님은 인생이 아니신즉, 크신 사랑으로 니느웨를 용서하실 뿐만 아니라 투정하는 요나를 이해시킨다.

야훼께서 이르시되 네가 수고도 아니하였고 재배도 아니하였고 하룻밤에 났다가 하룻밤에 말라 버린 이 박넝쿨을 아꼈거든 하물며 이 큰 성읍 니느웨에는 좌우를 분변하지 못하는 자가 십이만여 명이요 가축도 많이 있나니 내가 어찌 아끼지 아니하겠느냐 하시니라(욘 4:10-11).

Ⅳ. 중요한 교훈

1. 만민에 대한 하나님의 사랑

오바댜에서 원수 국가의 멸망을 당연한 하나님의 심판으로 여기는 것과는 반대로, 여기에는 원수 국가까지도 구원하시는 구원의 보편성이 나타나 있다. 구약시대 이스라엘 백성들은 그러한 선교의 사명을 수행할 책임이 있었다.

2. 회개에 관한 교훈

1) 표면적인 회개의 대상은 니느웨 백성들이었지만, 내면적인 회개의 대상은 요나였다.

2) 요나를 회개시키기 위해 많은 것을 준비하신 하나님

요나를 회개시키기 위해 하나님께서는 폭풍우와 선원들과 물고기를 준비하셨지만, 오히려 완악해야 할 니느웨 백성들은 요나의 선포에 쉽게 회개한다. 하나님께서 심판의 뜻을 돌이키신 이후에 요나가 투정을 부릴 때(욘 4:1), 하나님께서는 박 넝쿨과 동풍과 벌레를 준비하셔서 요나를 돌이키신다. 회개에 관한 한 니느웨 백성보다 요나가 더 문제거리였다. 불순종하는 불신자보다는 불순종하는 신자의 회개가 더 어려운 것이다.

3. 기도와 응답

요나서는 처음부터 끝까지 기도, 즉 선원의 기도, 요나의 회개기도, 니느웨 백성의 금식 기도, 요나의 투정 기도가 나다닌다. 그리고 각각의 기도에 대한 응답, 심지어 요나의 투정에 대해서도

하나님의 인자하신 응답이 내려진다. 이처럼 요나서는 기도에는 반드시 응답이 있다는 것과 하나님께서는 기도를 통해서 역사하심을 가르쳐 주고 있다.

Ⅴ. 나가는 말

잘못된 행위로 말미암아 심판받아야 마땅한 개인과 민족일지라도 그 배경을 살펴보면 하나님을 알지 못함으로 죄악에 빠진 경우가 적지 않다. 그러므로 아무리 악한 사람일지라도 하나님의 공의와 사랑을 알게 해줄 때, 유다의 악한 왕인 므낫세처럼 회개할 수 있다. 오늘날 예수 믿는 사람들은 모든 사람들에게 회개와 구원의 복음을 때를 얻든지 못 얻든지 전해야 한다.

미 가

내가 무엇을 가지고 야훼 앞에 나아가며 높으신 하나님께 경배할까 내가 번제물로 일 년 된 송아지를 가지고 그 앞에 나아갈까 야훼께서 천천의 숫양이나 만만의 강물 같은 기름을 기뻐하실까 내 허물을 위하여 내 맏아들을, 내 영혼의 죄로 말미암아 내 몸의 열매를 드릴까 사람아 주께서 선한 것이 무엇임을 네게 보이셨나니 야훼께서 네게 구하시는 것은 오직 정의를 행하며 인자를 사랑하며 겸손하게 네 하나님과 함께 행하는 것이 아니냐(미 6:6-8).

Ⅰ. 들어가는 말

분열왕국 이후 연약해진 국력신장을 위해 북왕국 아합은 적극적으로 국제화와 상업화를 시도하였고, 그 영향은 남왕국 유다에도 밀려오게 되었다. 그로부터 반세기가 지나면서 북왕국 여로보암 2세와 남왕국 웃시야 시대에 양국은 경제적인 번영과 영토의 확장을 가져왔다. 그 규모는 다윗과 솔로몬 제국 이후로 최대의 국가적 번영이었다.

그러나 그 부작용도 적지 않아서 도시와 농촌의 격차가 심해지고 빈부의 차이가 심해짐으로써 이스라엘의 단일한 계약공동체 정신이 무너지고 있었다. 미가는 그 시대의 타락상을 적나라하게 외치며, 참된 신앙을 일깨워 주었다.

Ⅱ. 배경

1. 저자

미가는 이사야와 거의 동시대에 활동하였으나 왕족인 이사야와는 달리 가난한 농촌 출신으로서 농민과 빈민들에게 관심을 기울였다. 가문도 시원찮고 재산도 없던 그에게는 하나님 밖에 의지할 분이 없었다. 그의 이름의 뜻은 '누가 야훼와 같은 자인가?' 이다. 진실로 누가 야훼 하나님 같이 영원한 반석이요 피난처이겠는가? 하나님은 우리의 반석이요, 요새요, 산성이시다. 하나님 한 분밖에 없다.

2. 활동 시대

이사야와 동시대에 사역함으로써(주전 740-700년), 국가 번영의 말기에 혼탁한 시대상황에서 예언하였다.

3. 목적

부유한 계층의 사람들이 가난한 농부와 소작인들에게 행하는 죄악에 대해 심판을 선언하는 목적이 있다. 대도시에 살면서 행악자들을 옹호하는 종교 지도자들에 대한 비판도 서슴지 않았다. 예수님께서는 예루살렘의 강자들인 바리새인과 서기관들을 책망하셨으나 세리와 죄인을 긍휼히 여기셨다.

Ⅲ. 내용 개요

미가서는 "너희는 들을지어다"라는 표식어(미 1:2; 6:1)를 중심으로 크게 두 부분으로 구분되지만, 각 부분은 심판과 구원이라는 주제에 의해 다시 둘씩 세분되어 모두 네 부분으로 나눌 수 있다.

1. 유다와 이스라엘에 대한 심판(미 1:1-3:12)

1) 도시는 악의 소굴

미가는 시시각각 다가오는 앗수르의 침공 위협 속에서 우상숭배와 타락한 도시 문화에 찌든 백성들을 심판하시는 하나님의 손길을 보았다. 미가는 도시가 악의 소굴이라고 여겼다. 온갖 사회적 불의가 만연되고 한밤에도 자지 않고 사악한 음모를 꾀하는 곳이 바로 도시였다.

2) 예루살렘 비판

시온은 적들의 침입에도 안전하다는 시온 불가침의 견해를 비판하고 멸망을 선언하였다. 그는 멸망의 이유가 시온이 피로, 예루살렘이 죄악으로 세워졌기 때문이라고 하였다.

> 야곱 족속의 우두머리들과 이스라엘 족속의 통치자들 곧 정의를 미워하고 정직한 것을 굽게 하는 자들아 원하노니 이 말을 들을지어다 시온을 피로, 예루살렘을 죄악으로 건축하는도다(미 3:9-10).

3) 죄에 물든 지도자

도시 자체가 악일 수는 없다. 도시를 죄악 덩어리로 만든 것은 사람들이었다. 미가가 보기에는 그러한 사람들 중 주범은 지배계급이요 타락한 종교계급이었다. 지주와 부자들은 전쟁의 위협 가운데 수확물을 얻지 못한 농민들을 악착같이 착취하고 수탈하였다(미 3:1-3). 이에 편승하여 제사장도 삯을 위하여 교훈하고, 선지자도 돈을 위하여 예언하는(미 3:11) 참으로 암울한 시대였다.

> 너희가 선을 미워하고 악을 기뻐하여 내 백성의 가죽을 벗기고 그 뼈에서 살을 뜯어 그들의 살을 먹으며 그 가죽을 벗기며 그 뼈를 꺾어 다지기를 냄비와 솥 가운데에 담을 고기처럼 하는도다(미 3:2-3).

4) 농촌과 시골의 상대적 의로움

본질적인 죄성에 있어서야 도시와 농촌에 차이가 없겠지만, 도시보다 시골에서는 죄악의 유혹이 그만큼 적고 규모도 작다. 반면에 시골에서는 드러나는 큰 죄가 없어서 오히려 회개하기가 어렵기도 하다.

2. 미래에 임하는 구원(미 4:1-5:15)

1) 현실이 아무리 어둡고 암담할지라도 예언자의 눈은 흑암을 뚫고 미래의 구원을 바라본다. 그때에는 도시의 타락성이 제거되고 율법이 시온에서, 야훼의 말씀이 예루살렘에서 나올 것이다.

> 곧 많은 이방 사람들이 가며 이르기를 오라 우리가 야훼의 산에 올라가서 야곱의 하나님의 전에 이르자 그가 그의 도를 가지고 우리에게 가르치실 것이니라 우리가 그의 길로 행하리라 하리니 이는 율법이 시온에서부터 나올 것이요 야훼의 말씀이 예루살렘에서부터 나올 것임이라(미 4:2).

2) 예루살렘이 아닌 시골 베들레헴에서 메시아가 태어나신다.

베들레헴 에브라다야 너는 유다 족속 중에 작을지라도 이스라엘을 다스릴 자가 네게서 내게로 나올 것이라 그의 근본은 상고에, 영원에 있느니라(미 5:2).

3. 이스라엘의 죄(미 6:1-16)

셋째 단락에서는 예언자를 통해 하나님이 이스라엘에게 무슨 일로 너를 괴롭게 하였느냐고 책망하고 있다. 그러자 백성들은 오히려 우리가 드리지 않은 것이 무엇이기에 하나님께서 진노하시냐고 반문한다. 이때 미가는 하나님께서 원하시는 것은 제물이 아니라, 오직 공의와 사랑과 겸허한 믿음이라고 강조한다.

사람아 주께서 선한 것이 무엇임을 네게 보이셨나니 야훼께서 네게 구하시는 것은 오직 정의를 행하며 인자를 사랑하며 겸손하게 네 하나님과 함께 행하는 것이 아니냐(미 6:8).

4. 하나님을 의지하는 자의 복(미 7:1-20)

넷째 부분은 패역한 세태 속에서도 하나님을 참으로 의지하는 자에게 임할 축복을 언급하고 있다. 그날에는 이스라엘의 영토가 확장되고 열조에게 맹세하신 은혜의 약속이 성취될 것이다. 하나님은 죄악을 용서하시고 진노를 오래 품지 않으시니, 주와 같은 하나님이 어디 있겠는가?

주와 같은 신이 어디 있으리이까 주께서는 죄악과 그 기업에 남은 자의 허물을 사유하시며 인애를 기뻐하시므로 진노를 오래 품지 아니하시나이다(미 7:18).

Ⅳ. 중심 사상

1. 빈민 계급의 대변자

부자의 대변자는 많지만, 가난하고 힘없는 자들의 대변자는 많지 않다.

> 그들이 침상에서 죄를 꾀하며 악을 꾸미고 날이 밝으면 그 손에 힘이 있으므로 그것을 행하는 자는 화 있을진저 밭들을 탐하여 빼앗고 집들을 탐하여 차지하니 그들이 남자와 그의 집과 사람과 그의 산업을 강탈하도다(미 2:1-2).

2. 메시아의 탄생과 민중신학

민중신학에서 인용되기도 하는 본문(미 5:2)을 보면 멸시받고 천대받던 농촌, 가난하고 작은 마을, 곧 베들레헴에서 이스라엘을 다스릴 자가 나타나실 것이다.

V. 나가는 말

미가는 통합 메시지의 예언자라고 한다. 미가의 메시지는 동시대의 선배들인 아모스의 공의와 호세아의 사랑, 이사야의 믿음의 교훈들을 통합시키고 있다. 그러나 단순한 통합주의자 성격을 넘어 가난하고 압박 받는 자들에게 한층 더 가까이 다가갔을 뿐 아니라, 작은데서 임하시는 메시야를 역설하고 있는 것이다. 오늘날 우리 그리스도인들은 가난하고 억울한 자들에게 조금 더 가까이, 충분히 가까이 다가설 수 있도록 사랑과 행복 나누기 운동을 전개해야 한다.

나 훔

화 있을진저 피의 성이여 그 안에는 거짓이 가득하고 포악이 가득하며 탈취가 떠나지 아니하는도다 휙휙 하는 채찍 소리, 윙윙 하는 병거 바퀴 소리, 뛰는 말, 달리는 병거, 충돌하는 기병, 번쩍이는 칼, 번개 같은 창, 죽임 당한 자의 떼, 주검의 큰 무더기, 무수한 시체여 사람이 그 시체에 걸려 넘어지니 이는 마술에 능숙한 미모의 음녀가 많은 음행을 함이라 그가 그의 음행으로 여러 나라를 미혹하고 그의 마술로 여러 족속을 미혹하느니라 보라 내가 네게 말하노니 만군의 야훼의 말씀에 네 치마를 걷어 올려 네 얼굴에 이르게 하고 네 벌거벗은 것을 나라들에게 보이며 네 부끄러운 곳을 뭇 민족에게 보일 것이요 내가 또 가증하고 더러운 것들을 네 위에 던져 능욕하여 너를 구경 거리가 되게 하리니 그 때에 너를 보는 자가 다 네게서 도망하며 이르기를 니느웨가 황폐하였도다 누가 그것을 위하여 애곡하며 내가 어디서 너를 위로할 자를 구하리요 하리라(나 3:1-7).

Ⅰ. 들어가는 말

진노하시는 하나님, 자기를 거역하는 자를 가차없이 심판하시는 하나님의 모습은 오늘날 별로 강조되고 있지 않다. 그러나 성경에 복수하시는 하나님과 대적의 파멸을 기뻐하는 선지자가 중심주제로 기록되었다는 것은 놀라운 일이다.

Ⅱ. 배경

1. 저자

나훔은 주전 7세기에 활동한 엘고스 출신의 선지자로 "위로"라는 이름의 뜻을 갖고 있다. 엘고스는 니느웨보다 훨씬 북쪽에 위치한 알구스(Al Qush)라는 주장도 있으나 갈릴리 부근의 마을로 추정된다. 가버나움은 '나훔의 마을' 이란 뜻이지만 실제로는 아무 관련이 없다.

2. 활동 시대

나훔은 일찍이 요나가 하나님의 말씀을 전하여 회개시켰으나 다시 죄악에 물든 니느웨(앗수르)에 대한 하나님의 심판을 예언하고 있다. 앗수르는 주전 663년 애굽의 고대 수도인 테베(노아몬, 나 3:8)를 정복함으로써 고대 근동세계의 맹주가 되었다. 그러나 아슈르바니팔이 죽은 후(주전 626년), 급속하게 쇠퇴하기 시작했다. 결국 10여 년 후인 612년 바벨론과 메대의 연합군에게 멸망하였다.

나훔은 테베의 멸망을 알고 있으므로 7세기 중반 이후에 활동하였고, 니느웨가 멸망하기 전에 사역을 마쳤다.

Ⅲ. 내용 개요

1. 하나님의 속성(나 1:1-8)

1) 진노하시는 하나님

하나님은 보복하시고 진노하시되 자기를 거스르는 자에게 보복하시며 자기를 대적하는 자에게 진노를 품으시는 분이시다(나 1:2). 그의 분노는 회리바람과 광풍 같아서 바다와 강을 말리시며 산천초목을 황폐케 하시는 바, 단번에 니느웨를 진멸해 버리실 것이다.

> 누가 능히 그의 분노 앞에 서며 누가 능히 그의 진노를 감당하랴 그의 진노가 불처럼 쏟아지니 그로 말미암아 바위들이 깨지는도다 야훼는 선하시며 환난 날에 산성이시라 그는 자기에게 피하는 자들을 아시느니라(나 1:6-7).

마지막 날에 이르면 어린양의 십자가 구원을 거부한 자들에 대한 진노가 임하게 된다.

> 땅의 임금들과 왕족들과 장군들과 부자들과 강한 자들과 모든 종과 자유인이 굴과 산들의 바위 틈에 숨어 산들과 바위에게 말하되 우리 위에 떨어져 보좌에 앉으신 이의 얼굴에서와 그 어린 양의 진노에서 우리를 가리라 그들의 진노의 큰 날이 이르렀으니 누가 능히 서리요 하더라(계 6:15-17).

2) 인자하신 하나님

하나님께서는 본래 좀처럼 노하시지 않고, 자기를 의뢰하는 자들을 기억하사 선대해 주신다.

2. 오만한 니느웨의 멸망(나 1:9-2:13)

1) 니느웨의 멸망과 유다의 평화

니느웨의 멸망은 하나님을 거역하여 악을 도모하고 우상을 섬겼기 때문이다. 그러나 악의 나라 앗수르의 멸망으로 인하여 유다에는 평화가 도래할 것이다.

볼지어다 아름다운 소식을 알리고 화평을 전하는 자의 발이 산 위에 있도다 유다야 네 절기를 지키고 네 서원을 갚을지어다 악인이 진멸되었으니 그가 다시는 네 가운데로 통행하지 아니하리로다 하시니라(나 1:15).

2) 니느웨 멸망 상황과 멸망 이유

앗수르를 공격하는 군대는 그 모양이 횃불 같고 빠르기가 번개같이 쳐들어와 왕궁을 허물고 왕후를 벌거벗긴 채 사로잡아 갈 것이다(나 2:1-10). 이전에 약소국을 정복하고 빼앗아온 금, 은, 보석들은 다 노략당하고 백성들은 하얗게 질린 얼굴로 무릎을 떨고 있을 것이다. 이는 그들이 게걸스럽게 빼앗아 모아 놓은 재물들이 야훼 하나님의 분노를 격발시켰기 때문이다(나 2:13).

3. 피의 도성 니느웨(나 3:1-19)

1) 거짓과 탈취가 가득한 성의 멸망

거짓말과 강포로 굳게 세운 성읍이 오히려 쉽게 무너져버린다. 노략질을 그치지 않던 도성은 순식간에 멸망할 것이다(나 3:1-4).

2) 정복할지라도 모욕하지 말아야 한다.

랍사게는 하나님과 유다 백성을 모독하였고, 이에 합당한 보응을 받았다.

그들이 이사야에게 이르되 히스기야의 말씀이 오늘은 환난과 징벌과 모욕의 날이라 아이를 낳을 때가 되었으나 해산할 힘이 없도다 랍사게가 그의 주 앗수르 왕의 보냄을 받고 와서 살아 계신 하나님을 비방하였으니 당신의 하나님 야훼께서 혹시 그의 말을 들으셨을지라 당신의 하나님 야훼께서 그 들으신 말 때문에 꾸짖으실 듯하니 당신은 이 남아 있는 자들을 위하여 기도하소서 하더이다 하니라(왕하 19:3-4).

3) 역사를 통해 미래를 예견하고 교훈을 얻어라.

애굽의 수도 노아몬(테베)이 멸망한 것처럼, 니느웨의 목자들도 죽고 귀족들도 죽으며 거민들이 흩어지며 모든 산업은 황폐해져서 다시는 회복할 수 없게 될 것이다. 나라가 멸망할 때 아무도 슬퍼하지 않고 오히려 손뼉을 치며 기뻐하는 것처럼 비극적인 국가의 멸망이 어디 있을까?

네 상처는 고칠 수 없고 네 부상은 중하도다 네 소식을 듣는 자가 다 너를 보고 손뼉을 치나니 이는 그들이 항상 네게 행패를 당하였음이 아니더냐 하시니라(나 3:19).

Ⅳ. 중요한 교훈

1. 편협한 국수주의와 악의 심판의 정당성

나훔은 적국인 니느웨의 멸망을 예언하고 있다. 간혹 나훔서는 복수하시는 하나님과 원수의 멸망에 대한 기쁨의 표현 등으로 용서의 하나님과 원수 사랑을 가르치는 기독교적 정신에 배치되는 편협한 국수주의적 사상을 나타내는 책으로 여겨졌다. 그러나 하나님은 의로우시고 권능이 무한하신 분이시다. 이러므로 하나님께서는 악한 개인이나 국가를 반드시 심판하실 것인데, 앗수르는 그

당시에 가장 악한 나라이므로 멸망받지 않을 수 없었던 것이다.

2. 복수하시는 하나님과 선하신 하나님

하나님의 선하심은 영원하시지만, 그와는 반대로 불의에 대한 증오와 진노하심도 분명히 있다. 하나님의 진노는 감정적이 아니라 인과응보의 우주적 법칙을 실행하심으로 나타나는 것이다. 나훔서는 악에 대한 심판과 종말적인 하나님의 대심판이 반드시 있다는 것을 명백히 밝혀주고 있다.

V. 나가는 말

나훔서에서는 적국인 니느웨의 멸망을 기뻐함으로써 선교적인 사명보다 민족주의적인 드러내고 있다고 말한다. 성경에 대한 다양한 읽기가 현대에서 진행되고 있으므로 무조건 자기 견해만 옳다고 할 수는 없다. 그러나 성경의 각권은 성경 전체의 일부분으로 모아졌으므로 그 안에서 통일성을 찾아야 마땅할 것이다. 나훔은 민족적 원한을 떠나서 악에 대한 보편적 심판과 진노를 나타내고 있으며, 최후의 심판이 남아 있다는 것을 가르쳐준다.

하박국

내가 내 파수하는 곳에 서며 성루에 서리라 그가 내게 무엇이라 말씀하실는지 기다리고 바라보며 나의 질문에 대하여 어떻게 대답하실는지 보리라 하였더니 야훼께서 내게 대답하여 이르시되 너는 이 묵시를 기록하여 판에 명백히 새기되 달려가면서도 읽을 수 있게 하라 이 묵시는 정한 때가 있나니 그 종말이 속히 이르겠고 결코 거짓되지 아니하리라 비록 더딜지라도 기다리라 지체되지 않고 반드시 응하리라 보라 그의 마음은 교만하며 그 속에서 정직하지 못하나 의인은 그의 믿음으로 말미암아 살리라(합 2:1-4).

Ⅰ. 들어가는 말

이리와 어린 양과 함께 살며, 표범이 어린 염소와 함께 누우며 살아가는 이상적인 사회가 마침내 다가올 것이다. 그러나 일반 국가에서 정의사회의 구현처럼 실현하기 어려운 구호도 없다. 더욱이 세계 곳곳에서 빈부의 격차가 심해지고, 국가 간의 갈등이 극심해지며, 정의가 왜곡되는 일이 많을수록 더욱 크게 부각되는 과

제일 것이다.

동양의 '수신제가치국평천하'는 자기로부터 시작하여 높고 넓은 세계로 확대되지만, 성경의 새 세계는 하늘로부터 내려와 개개인의 심령에 위로와 평화를 주신다(계 21:2).

Ⅱ. 배경

1. 저자

많은 사람들은 불의가 횡행할 때 하나님의 존재와 섭리를 의심하지만, 하박국은 문제와 함께 하나님을 부둥켜 앉았다. 하박국(חֲבַקּוּק, Habakkuk)의 뜻이 "포옹하다", "꽉 붙잡다"라는 단어에서 유래되었다는 것은 의미심장하다. 그는 제의 예언자(a cult prophet)였다고 생각되지만, 어떤 레위인이었거나, 이사야서에 나오는 파수꾼(사 21:6)이었다고 말하기도 한다.

2. 시대 상황

하박국은 주전 7세기 여호야김(주전 608-597년) 통치시기에 예루살렘을 중심으로 활동하였다. 그때는 바벨론이 등장하였으나, 유다에는 여전히 이집트의 세력이 강하게 작용하고 있었다. 왕은 이집트에게 바칠 물질과 자신의 호화로운 생활을 위한 물질을 마련하려고 백성들로부터 많은 세금을 거두고 노동력을 착취하였다.

하박국은 그러한 혼란기에 난무하는 사회적 불의를 보면서 하나님께 매어 달렸다. 하나님이 어찌 이런 악을 그대로 두시냐고 하박국이 질문할 때 하나님은 바벨론을 통해 악을 심판하신다고 말씀하신다.

그 말씀에 대해 또 다시 하박국이 더 나쁜 나라가 덜 나쁜 나라를 징계하는 것이 옳은 것인지를 질문한다. 하나님은 의인을 징계하여 더욱 의롭게 하고, 악인의 악은 무르익어 심판에 이르게 하신다. 그러한 진행이 당장 눈앞에 보이지 않을지라도 의인은 믿음으로 인내하며 살아야 한다.

Ⅲ. 내용 개요

1. 첫 번째 대화(합 1:1-11)

1) 예언자의 탄식

하박국서는 두 번의 대화와 기도문으로 구성되어 있다. 첫 번째 대화에서 예언자는 유다에 율법이 땅에 떨어지고 정의가 무너졌는데 야훼께서 어찌하여 이를 묵과하시냐고 탄식한다.

> 이러므로 율법이 해이하고 정의가 전혀 시행되지 못하오니 이는 악인이 의인을 에워쌌으므로 정의가 굽게 행하여짐이니이다(합 1:4).

2) 하나님의 응답

하박국의 질문에 대해 하나님께서는 강한 군대 갈대아(바벨론)를 일으켜 불의한 사회를 징벌할 것이라고 말씀하신다(합 1:5-11).

> 보라 내가 사납고 성급한 백성 곧 땅이 넓은 곳으로 다니며 자기의 소유가 아닌 거처들을 점령하는 갈대아 사람을 일으켰나니(합 1:6).

2. 두 번째 대화(합 1:12-2:5)

1) 예언자의 질문

사람이 물고기를 사로잡음같이 악인이 자기보다 의로운 사람을 삼키는데, 야훼께서 어찌 그냥 보고만 계시냐고 기도한다.

2) 하나님의 응답

하나님께서는 역사의 진행에 대해 모든 것을 이해하고 납득하지 못할지라도, "의인은 그 믿음으로 말미암아 살리라"(합 2:4)고 말씀하신다. 잡풀이 순식간에 무성해지는 것처럼 악인이 한 때 의인을 억압하고 의기양양해 하지만, 의인은 낙심치 말고 끝까지 하나님의 신원해 주심을 믿으며 살아야 할 것이다.

보라 그의 마음은 교만하며 그 속에서 정직하지 못하나 의인은 그의 믿음으로 말미암아 살리라(합 2:4).

3. 압제자들에 대한 심판선언(합 2:5-20)

하나님께서는 다섯 가지 악인들, 즉 빼앗은 것으로 부자된 자, 부당한 이익을 탐내는 자, 피와 불의로 성읍을 세우는 자, 이웃을 능욕하는 자, 우상을 의지하는 자들에 대해 멸망을 선언하신다.

악이 횡행할 때 사람들은 하나님이 어디 계시느냐고 탄식하지만, 마침내 하나님의 영광을 아는 지식이 가득할 것이며(합 2:14), 야훼께서는 여전히 성전에 계시는(합 2:20) 것을 알게 된다.

이는 물이 바다를 덮음 같이 야훼의 영광을 인정하는 것이 세상에 가득함이니라(합 2:14).

오직 야훼는 그 성전에 계시니 온 땅은 그 앞에서 잠잠할지니라 하시니라(합 2:20).

4. 하박국의 순종과 감사의 찬양(합 3:1-19)

1) 기도(합 3:1-2)

2) 하나님의 강림(합 3:3-15)

용사이신 하나님이 오실 때 천지가 떨 것이다. 하나님은 창조 때처럼 혼돈을 다스리시고, 출애굽 때처럼 열방을 심판하실 것이다.

> 역병(דֶּבֶר, pestilence)이 그 앞에서 행하며 불덩이(רֶשֶׁף, plague)가 그의 발 밑에서 나오는도다(합 3:5).

3) 하나님의 은혜에 대한 과거의 회상과 미래의 선취를 통해 오늘을 믿음으로 산다(16-19절).

하박국은 과거에 하신 일로 확신을 얻고, 회복의 날이 올 것을 생각하면 이것도 없고, 저것도 없고, 아무 것도 없는 현실 가운데서도 기쁨이 넘쳐 뛰어다니지 않을 수 없다. 미래의 기쁨을 미리 끌어당겨서 즐거워하는 것이다.

> 비록 무화과나무가 무성하지 못하며 포도나무에 열매가 없으며 감람나무에 소출이 없으며 밭에 먹을 것이 없으며 우리에 양이 없으며 외양간에 소가 없을지라도 나는 야훼로 말미암아 즐거워하며 나의 구원의 하나님으로 말미암아 기뻐하리로다(합 3:17-18).

Ⅳ. 중심 사상

1. 국가적 하나님의 정의론(Theodicy)

하나님은 과연 개인과 국가의 흥망성쇠를 모두 그의 선하심과 의로우심으로 다스리고 계신가하는, 소위 신정론(神正論)에 대해서 누구나 생각해본 적이 있을 것이다.

욥기가 개인적 신정론을 다루고 있다면, 하박국은 국가적 신정론을 다루고 있다.

2. 질문과 기다림

하박국은 악이 횡행하는 시대에 왜? 어찌? 하면서 하나님께 질문하였다. 하나님의 응답을 받은 후에도 잘 이해되지 않는 것을 다시 질문하고 응답을 기다렸다. 그러면서 깨달은 것은 야훼께서 종국적으로 악을 심판하시고 의를 이루신다는 것이다. 고통받는 의인들이여, 현실이 암담할지라도 아직 종말의 막이 내리지 않았다.

3. 신약적 교훈

악의 번성과 의인의 고난에 대한 하박국의 질문은 여러 시대에 걸쳐 많은 사람들에게 나타나고 있다. 예수 그리스도의 십자가 수난 앞에서 사람들은 하나님이 어디 계시는가, 하나님의 아들이면 십자가에서 내려오라고 하였다. 예수님의 죽으심으로 악이 승리하는 것처럼 보였고, 사람들은 엠마오로 내려가는 제자들처럼 무서운 악의 세력에 다 가슴을 치며 고개를 떨어뜨리어버렸다.

그러나 하나님께서는 그를 죽은 자 가운데서 일으키셨다. 예수님의 부활은 하나님이 살아 계시며, 악이 결코 승리하지 못한다는 것을 보여주는 하나님의 강력한 선언이다.

의인들이여, 무대의 막이 내리고 모든 것이 끝난 것처럼 보여도 아직 연극은 끝나지 않았다. 다시 부활의 막이 오른다.

V. 나가는 말

모세는 이스라엘에게 613개의 계명을 주었다. 그 계명은 십계명의 열 가지로 축약되어 선포되었다. 십계명은 다시 하나님을 사랑하고, 이웃을 사랑하라는 두 가지 계명으로 압축되었다. 그 계명이 다시 하나로 주어진 것이 "의인은 믿음으로 말미암아 살리라"는 것이다.

스바냐

시온의 딸아 노래할지어다 이스라엘아 기쁘게 부를지어다 예루살렘 딸아 전심으로 기뻐하며 즐거워할지어다 야훼가 네 형벌을 제거하였고 네 원수를 쫓아냈으며 이스라엘 왕 야훼가 네 가운데 계시니 네가 다시는 화를 당할까 두려워하지 아니할 것이라 그 날에 사람이 예루살렘에 이르기를 두려워하지 말라 시온아 네 손을 늘어뜨리지 말라 너의 하나님 야훼가 너의 가운데에 계시니 그는 구원을 베푸실 전능자이시라 그가 너로 말미암아 기쁨을 이기지 못하시며 너를 잠잠히 사랑하시며 너로 말미암아 즐거이 부르며 기뻐하시리라 하리라(습 3:14-17).

Ⅰ. 들어가는 말

무서운 날이 다가온다. 그날에 야훼께서는 지면의 모든 것, 사람과 짐승을 진멸하고 공중의 새와 바다의 고기와 남을 넘어뜨리는 자들과 악한 자들을 아울러 진멸할 것이다.

바알을 섬기던 제사장(그마림)들과 바알을 왕(말감)으로 맹세하는 자들을 다 멸하실 것이다. 하나님과 더불어 바알을 섬기는 것은 큰 죄이다.

Ⅱ. 배경

1. 저자

스바냐는 구스의 아들이요, 히스기야의 현손이므로 왕의 직계 자손일 것이다. 젊은 나이에 부르심을 받고, 예레미야와 요시야 왕 때에 활동하였다(주전 639-608년). 스바냐는 "야훼께서 감추신 자"라는 뜻으로 야훼의 진노의 날에도 숨김을 받는 자가 있다는 그의 남은 자 사상과 잘 일치되는 이름이다.

2. 시대 배경

스바냐가 활동할 때는 아직 앗수르가 약하기는 하지만 고대 근동을 지배하는 제국으로 존속하고 있었다. 종교적으로는 이방종교의 제의가 만연된 상태여서 하나님의 진노를 고조시키고 있었다. 한편으로는 또 다른 진노의 몽둥이인 바벨론이 세력을 확장하기 시작함으로써 새로운 위기가 도래하고 있었다.

3. 목적

하나님은 죄를 미워하시며 심판하신다. 그러나 하나님의 심판의 목적은 멸망시키려는 것이 아니라 정화시키려는 것이므로, 죄지은 유다 백성들에게 용서와 자비를 베푸신다.

이스라엘의 남은 자는 악을 행하지 아니하며 거짓을 말하지 아니하며 입에 거짓된 혀가 없으며 먹고 누울지라도 그들을 두렵게 할 자가 없으리라(습 3:13).

Ⅲ. 내용 개요

1. 유다의 심판(습 1:1-2:3)

1) 우상숭배의 죄

스바냐서의 첫 부분은 패역한 유다 민족에게 임할 심판에 대해 기록하고 있다. 이들은 가나안의 풍요신인 바알을 비롯하여 암몬족의 신 밀곰(Milkom)과 일월성신을 섬기고, 동시에 야훼께 나아오는 죄를 저질렀다.

당시에 하나님을 섬기지 않은 것이 아니라 종교적 혼합주의에 빠져 하나님과 우상을 겸하여 섬기는 신앙생활을 한 것이 큰 죄였다.

2) 통치자와 그의 신하의 책임

국가적이고 민족적인 죄악의 책임은 일차적으로 최고 통치자에게 있을 것이다. 그러나 하나님께서는 그 책임을 어린 요시야 왕에게 묻지 않고, 궁전 문지방을 넘나들면서 주인의 집을 강포와 궤휼로 가득 채운 자들에게 물으셨다(습 1:8-9). 지도자를 보필하는 책임이 얼마나 막중한 일인가를 가르쳐 주고 있다.

3) 야훼의 날

스바냐는 그의 주요 메시지인 야훼의 날 선포에 있어서 아모스(암 5:18-20), 이사야(습 2:12-21)의 영향을 받은 것으로 여겨진다.

야훼의 큰 날이 가깝도다 가깝고도 빠르도다 야훼의 날의 소리로다 용사가 거기서 심히 슬피 우는도다 그날은 분노의 날이요 환난과 고통의 날이요 황폐와 패망의 날이요 캄캄하고 어두운 날이요 구름과 흑암의 날이요(습 1:14-15).

4) 심판의 이유와 회개의 권고

하나님께서는 심판의 이유와 그 시행의 긴박성을 말씀하신 후에도 마지막 회개에의 권고를 하신다. 오직 공의와 겸손으로 행하는 것만이 분노의 날에 숨김을 얻게 해 줄 것이다(습 2:3).

수치를 모르는 백성아 모일지어다 모일지어다 명령이 시행되어 날이 겨 같이 지나가기 전, 야훼의 진노가 너희에게 내리기 전, 야훼의 분노의 날이 너희에게 이르기 전에 그리할지어다(습 2:1-2).

2. 열방과 유다의 심판(습 2:4-3:8)

1) 열방의 심판

블레셋, 모압, 암몬, 구스, 앗수르 등의 열방에 대한 심판을 선언한다. 그들의 두드러진 죄목은 교만과 하나님 백성을 비방한 죄였다. 일찍이 히스기야 시절에 앗수르의 교만으로 인하여 하나님의 사자가 그 군대 18만 5천 명을 멸하셨던 적이 있다.

내가 모압의 비방과 암몬 자손이 조롱하는 말을 들었나니 그들이 내 백성을 비방하고 자기들의 경계에 대하여 교만하였느니라(습 2:8).

2) 유다에 대한 심판

하나님께서는 불순종하고 포악한 유다의 지도자들도 심판하심으로, 그의 심판이 보편적인 것임을 밝히고 있다. 특별히 지도자는 일반 백성들보다 더 깨끗하고 존경스러워야 한다.

그 가운데 방백들은 부르짖는 사자요 그의 재판장들은 이튿날까지 남겨 두는 것이 없는 저녁 이리요 그의 선지자들은 경솔하고 간사한 사람들이요 그의 제사장들은 성소를 더럽히고 율법을 범하였도다(습 3:3-4).

3. 구원의 약속(습 3:9-20)

끝 부분은 하나님 백성에 대한 구원의 약속이다.

1) 하나님이 남겨두시는 사람

교만한 자를 물리치시는 하나님께서는 곤고하고 가난한 자들을 남겨두실 것이다. 이들은 왕이신 야훼의 다스림 가운데 기쁨과 안정을 누릴 것이며, 천하만민 중에서 명성과 칭찬을 얻게 될 것이다.

> 내가 곤고하고 가난한 백성을 네 가운데에 남겨 두리니 그들이 야훼의 이름을 의탁하여 보호를 받을지라(습 3:12).

2) 찬양에의 권유

하나님의 백성들은 형벌을 제거하고, 원수를 제거하며, 야훼께서 임재하심으로 하나님을 찬양하게 된다.

> 그 날에 사람이 예루살렘에 이르기를 두려워하지 말라 시온아 네 손을 늘어뜨리지 말라 너의 하나님 야훼가 너의 가운데에 계시니 그는 구원을 베푸실 전능자이시라 그가 너로 말미암아 기쁨을 이기지 못하시며 너를 잠잠히 사랑하시며 너로 말미암아 즐거이 부르며 기뻐하시리라 하리라(습 3:16-17).

Ⅳ. 나가는 말

대다수의 사람들이 타락하여 심판을 받게 될지라도 소수의 경건한 사람은 남게 된다는 남은 자(The Remnant) 사상에 있어서 스바냐는 이사야와 연결되고 있다. 그러나 스바냐의 독특성은 그러한 소수를 누구로 보았느냐에 있다고 할 수 있다. 그는 곤고하여 겸손해진 사람, 가난하여 오히려 경건해진 사람이 남게 된다고 말씀한다.

이처럼 스바냐는 하나님께서 교만한 열국과 압제하는 지도자를 멸하실지라도 연약한 자들을 숨겨주신다는 것을 강조하고 있다(습 3:12-13).

학 개

다리오 왕 제이년 여섯째 달 곧 그 달 초하루에 야훼의 말씀이 선지자 학개로 말미암아 스알디엘의 아들 유다 총독 스룹바벨과 여호사닥의 아들 대제사장 여호수아에게 임하니라 이르시되 만군의 야훼가 이같이 말하여 이르노라 이 백성이 말하기를 야훼의 전을 건축할 시기가 이르지 아니하였다 하느니라 야훼의 말씀이 선지자 학개에게 임하여 이르시되 이 성전이 황폐하였거늘 너희가 이 때에 판벽한 집에 거주하는 것이 옳으냐 그러므로 이제 만군의 야훼가 이같이 말하노니 너희는 너희의 행위를 살필지니라 너희가 많이 뿌릴지라도 수확이 적으며 먹을지라도 배부르지 못하며 마실지라도 흡족하지 못하며 입어도 따뜻하지 못하며 일꾼이 삯을 받아도 그것을 구멍 뚫어진 전대에 넣음이 되느니라 만군의 야훼가 말하노니 너희는 자기의 행위를 살필지니라 너희는 산에 올라가서 나무를 가져다가 성전을 건축하라 그리하면 내가 그것으로 말미암아 기뻐하고 또 영광을 얻으리라 야훼가 말하였느니라 너희가 많은 것을 바랐으나 도리어 적었고 너희가 그것을 집으로 가져갔으나 내가 불어 버렸느니라 나 만군의 야훼가 말하노라 이것이 무슨 까닭이냐 내 집은 황폐하였으되 너희는 각각 자기의 집을 짓기 위하여 빨랐음이라 그러므로 너희로 말미암아 하늘은 이슬을 그쳤고 땅은 산물을 그쳤으며 내가 이 땅과 산과 곡물과 새 포도주와 기름과 땅의 모든 소산과 사람과 가축과 손으로 수고하는 모든 일에 한재를 들게 하였느니라(학 1:1-11).

Ⅰ. 들어가는 말

이스라엘 백성들이 그렇게도 그리던 고향에 돌아왔으나, 옛 시인의 노래처럼 고향은 꿈에서 그리던 모습이 아니었다. 성전은 무너져 폐허가 되었고, 주인을 잃은 삶의 터전은 황폐해졌을 뿐 아니라 이미 새로운 주인이 땅을 차지하고 있어서 소유권 분쟁마저 있었다(느 5:5).

포로 귀환민들은 이러한 어려움 속에서도 성전 재건에 힘을 기울였으나 주변세력의 반대에 부딪히자 성전기초를 닦다 말았고, 그렇게 십 수 년이 흘러갔다.

Ⅱ. 배경

1. 시대상황과 목적

주전 520년 선지자 학개의 외침이 자신의 생계유지에만 급급해 있던 귀환 공동체의 가슴을 파고들었다. "이 성전이 황폐하였거늘 너희가 이 때에 판벽한(סָפַן ; 지붕을 덮다, 벽을 장식하다) 집에 거주하는 것이 옳으냐"(학 1:4). 이처럼 본서의 기록 목적은 성전의 재건공사를 계속 진행시키기 위한 것이다.

2. 저자

학개는 스가랴와 더불어 성전 재건을 독려한 선지자이다. 학개(חַגַּי , Haggai)라는 이름의 뜻은 "나의 잔치(축제)"이며, 다리오 왕 2년(주전 520년) 6월부터 9월까지 약 4개월간 활동하였다.

Ⅲ. 내용 개요

1. 성전 건축의 독려(학 1:1-11)

학개서는 메시지를 선포한 날짜에 의해 정확하게 네 부분으로 나눠진다. 첫 번째는 지금이 성전을 건축할 때라는 책망의 말씀이다. 백성들은 귀환자의 수도 적은데다가 흉작과 대내외적으로 불안정한 상황으로 인하여 성전 건축 시기가 아니라고 말하였다. 그러나 학개는 오히려 성전을 건축하지 않고 자신들의 집일에만 바빴기 때문에 저주를 받았다는 것이다. 이러므로 신속히 성전을 건축해야만 복을 받는다고 역설하였다.

첫 번째 예언은 520년 6월 1일에 선포되었다.

> 너희는 산에 올라가서 나무를 가져다가 성전을 건축하라 그리하면 내가 그것으로 말미암아 기뻐하고 또 영광을 얻으리라 야훼가 말하였느니라(학 1:8).

2. 백성들에 대한 위로(학 1:12-15)

학개는 성전 건축을 시작한 백성들을 위로한다. 당시 사람들은 유다의 멸망과 포로생활로 인해 멍든 신앙과 귀환 후에 다가온 가뭄과 기근으로 생활이 어려웠다. 그러나 유다 총독 스룹바벨과 제사장 여호수아 및 백성들이 학개의 말씀을 청종하자 하나님께서 그들과 함께 하신다는 약속을 해주셨다.

> 야훼께서 스알디엘의 아들 유다 총독 스룹바벨의 마음과 여호사닥의 아들 대제사장 여호수아의 마음과 남은 모든 백성의 마음을 감동시키시매 그들이 와서 만군의 야훼 그들의 하나님의 전 공사를 하였으니(학 1:14).

3. 성전 재건에 대한 격려(학 2:1-9)

포로 귀환 후 건축되는 성전의 모습은 이스라엘 최고의 번영기에 지어진 솔로몬 성전에 비하면 너무나 초라해 보였다. 생활이 어려운 가운데 건축되는 성전의 규모는 보잘 것 없었던 것이다. 그러나 학개는 낙심하지 않고 오히려 그러한 모습에 실망하는 백성들에게 격려와 용기를 준다. 학개는 이 성전의 나중 영광이 예전의 영광보다 크게 될 것이라고 용기를 주었다.

1) 두 번째 예언은 520년 7월 21일에 선포되었다.

너희 가운데에 남아 있는 자 중에서 이 성전의 이전 영광을 본 자가 누구냐 이제 이것이 너희에게 어떻게 보이느냐 이것이 너희 눈에 보잘것없지 아니하냐 그러나 야훼가 이르노라 스룹바벨아 스스로 굳세게 할지어다 여호사닥의 아들 대제사장 여호수아야 스스로 굳세게 할지어다 야훼의 말이니라 이 땅 모든 백성아 스스로 굳세게 하여 일할지어다 내가 너희와 함께 하노라 만군의 야훼의 말이니라(학 2:3-4).

2) 스스로 굳세게(חֲזַק , 강하게 하다) 할지어다.

여호수아에게 강하고 담대하라(חֲזַק וֶאֱמָץ)고 말씀하신 하나님

내가 네게 명령한 것이 아니냐 강하고 담대하라 두려워하지 말며 놀라지 말라 네가 어디로 가든지 네 하나님 야훼가 너와 함께 하느니라 하시니라(수 1:9).

4. 성전 건축을 복주심(학 2:10-19)

세 번째 예언은 성전 건축을 시작한 날부터 하나님께서 복을 주신다는 말씀이다. 성전 건축을 하기 전에는 부정했었고 산업이 형통치 못했으나, 이제부터는 형통하게 될 것이다.

세 번째 예언은 520년 9월 24일에 선포되었다.

너희는 오늘 이전을 기억하라 아홉째 달 이십사일 곧 야훼의 성전 지대를 쌓던 날부터 기억하여 보라 곡식 종자가 아직도 창고에 있느냐 포도나무, 무화과나무, 석류나무, 감람나무에 열매가 맺지 못하였느니라 그러나 오늘부터는 내가 너희에게 복을 주리라(학 2:18-19).

5. 유다에 대한 축복(학 2:20-23)

야훼께서는 열방의 세력을 꺾어 버리고, 유다를 존귀케 할 것인즉 그들의 지도자 스룹바벨은 야훼의 인(옥쇄)처럼 소중한 존재가 될 것이다.

1) 네 번째 예언이 9월 24일에 다시 선포되어 인장처럼 소중히 여긴다고 격려하였다.

만군의 야훼가 말하노라 스알디엘의 아들 내 종 스룹바벨아 야훼가 말하노라 그 날에 내가 너를 세우고 너를 인장으로 삼으리니 이는 내가 너를 택하였음이니라 만군의 야훼의 말이니라 하시니라(학 2:23).

2) 인장은 소중하게 여겨짐

너는 나를 도장 같이 마음에 품고 도장 같이 팔에 두라 사랑은 죽음 같이 강하고 질투는 스올 같이 잔인하며 불길 같이 일어나니 그 기세가 야훼의 불과 같으니라(아 8:6).

Ⅳ. 나가는 말

모든 일에는 순서가 있다. 학개는 하나님의 백성이 먼저 할 일, 즉 성전 건축을 먼저 해야 한다는 것을 가르쳐준다(마 6:33). 기초공사가 튼튼해야 집을 높이 안전하게 세울 수 있다. 먼저 하나님

중심의 믿음을 가질 때 성공적인 신앙생활을 영위할 수 있다.

눈앞에 보이는 것으로 낙심하지 말고, 굳센 마음과 큰 꿈을 갖고 전진해야 한다. 하나님이 함께 하시면 시작은 미약할지라도 나중에 창대하게 된다.

이 성전의 나중 영광이 이전 영광보다 크리라 만군의 야훼의 말이니라 내가 이 곳에 평강을 주리라 만군의 야훼의 말이니라(학 2:9).

스가랴

야훼의 말씀이 내게 임하여 이르시되 사로잡힌 자 가운데 바벨론에서부터 돌아온 헬대와 도비야와 여다야가 스바냐의 아들 요시아의 집에 들어갔나니 너는 이 날에 그 집에 들어가서 그들에게서 받되 은과 금을 받아 면류관을 만들어 여호사닥의 아들 대제사장 여호수아의 머리에 씌우고 말하여 이르기를 만군의 야훼께서 이같이 말씀하시되 보라 싹이라 이름하는 사람이 자기 곳에서 돋아나서 야훼의 전을 건축하리라 그가 야훼의 전을 건축하고 영광도 얻고 그 자리에 앉아서 다스릴 것이요 또 제사장이 자기 자리에 있으리니 이 둘 사이에 평화의 의논이 있으리라 하셨다 하고 그 면류관은 헬렘과 도비야와 여다야와 스바냐의 아들 헨을 기념하기 위하여 야훼의 전 안에 두라 하시니라 먼 데 사람들이 와서 야훼의 전을 건축하리니 만군의 야훼께서 나를 너희에게 보내신 줄을 너희가 알리라 너희가 만일 너희의 하나님 야훼의 말씀을 들을진대 이같이 되리라(슥 6:9-15).

Ⅰ. 들어가는 말

사사기에는 요담의 나무에 대한 비유가 나온다. 감람나무와 무화과나무와 포도나무에게 나무들이 찾아가 왕이 되어달라고 하자 모두 내가 할 일이 있어서 하나님을 영화롭게 하고 사람들에게 유익을 주는데 어찌 왕을 하겠느냐고 거절했다. 마지막으로 가시나무에게 말하자 아무 쓸모 없는 가시나무는 왕이 되어 자기를 거슬리는 자를 불사를 것이라고 하였다.

사람들은 각기 다른 개성과 능력을 갖고 살아가기 마련이다. 그러므로 자신이 어떤 존재인가를 바로 알고 자신의 특성을 계발해 나가는 것이 성공적인 인생을 살아가는 첩경일 것이다.

Ⅱ. 배경

1. 저자

스가랴는 학개와 동시대의 선지자로 똑같이 성전 재건을 독려했지만, 그 방법에 있어서 전혀 달랐다. 학개가 실제적이고 직접적인 권면을 한데 반하여, 스가랴는 환상이 가득한 메시지로 미래의 영광을 꿈꾸게 하였다. 학개가 현실주의자라면 스가랴는 이상주의자지만, 두 선지자는 동시대를 이끌어간 하나님의 종으로 같이 쓰임 받았던 것이다.

2. 시대

스가랴의 전반부(슥 1-8장)과 후반부(슥 9-14장)를 시대와 저자가 다른 것으로 보는 견해가 있다. 후반부를 예레미야 시대(참조, 마 27:9-10)나 훨씬 후대인 헬라 시대(슥 9:13), 마카비 시대로 보기도 하는 것이다. 그러나 전반부는 스가랴의 초기 저술, 후반부는 스가랴의 말기 작품으로 보는 것이 전통적인 견해이다. 스가랴는 대체로 주전 520-470년 사이에 활동하였다.

> 내가 유다를 당긴 활로 삼고 에브라임을 끼운 화살로 삼았으니 시온아 내가 네 자식들을 일으켜 헬라 자식들을 치게 하며 너를 용사의 칼과 같게 하리라(슥 9:13).

3. 목적

스가랴서의 전반부에서는 먼저 포로에서 돌아온 자들의 거룩한 생활을 요구하고 있으며(슥 1:3), 다음으로 성전 건축을 격려하고 있다. 성전 재건은 하나님 나라의 영화로운 승리를 상징하는 것으로 백성들에게 소망과 위로를 주는 것이다.

후반부는 종말적 심판으로 열방에 대한 심판과 메시아에 대한 예언으로 구성된다. 스가랴에는 특히 메시아에 대한 예언이 가득하다.

Ⅲ. 내용 개요

1. 서언(슥 1:1-6)

스가랴서는 크게는 전반부의 환상부분(슥 1-8장)과 후반부의 예언부분(슥 9-14장)의 둘로 나눠지지만 더 세분할 수 있다. 첫 번째는 회개를 촉구하는 서언의 말씀이다. 스가랴는 이전에 선지자의 말씀을 듣지 않고 범죄하므로 포로로 붙잡혀간 조상들처럼 행하지 말고 하나님께로 돌아오라고 권면한다.

그러므로 너는 그들에게 말하기를 만군의 야훼께서 이처럼 이르시되 너희는 내게로 돌아오라 만군의 야훼의 말이니라 그리하면 내가 너희에게로 돌아가리라 만군의 야훼의 말이니라(슥 1:3).

2. 여덟 개의 환상(슥 1:7-6:8)

이 환상들은 극히 난해하여 스가랴 자신도 이해하지 못하고 천사에게 물으면 천사가 그 의미를 해석해주는 형식으로 되어 있다. 그 내용을 한마디로 종합하기는 어렵지만 대체로 유다를 괴롭힌 나라들이 징벌되고 유다가 번영한다는 것과 무법한 일과 우상의 가증한 것이 사라지게 된다는 내용이다.

1) 붉은 말을 탄 화석류나무 사이에 선 야훼의 사자들(슥 1:1-17)

2) 네 뿔과 네 대장장이 환상은 이스라엘을 괴롭힌 네 나라 심판 상징(슥 1:18-21)

3) 척량줄을 잡은 사람으로 묘사된 예루살렘의 회복(슥 2:1-13)

4) 대제사장 여호수아를 깨끗하게 함(슥 3:1-10)

여호수아가 더러운 옷을 입고 천사 앞에 서 있는지라 야훼께서 자기 앞에 선 자들에게 명령하사 그 더러운 옷을 벗기라 하시고 또 여호수아에게 이르시되 내가 네 죄악을 제거하여 버렸으니 네게 아름다운 옷을 입히리라 하시기로(슥 3:3-4).

5) 순금 등잔대와 두 감람나무(슥 4:1-14)

그가 내게 대답하여 이르되 야훼께서 스룹바벨에게 하신 말씀이 이러하니라 만군의 야훼께서 말씀하시되 이는 힘으로 되지 아니하며 능력으로 되지 아니하고 오직 나의 영으로 되느니라 큰 산아 네가 무엇이냐 네가 스룹바벨 앞에서 평지가 되리라 그가 머릿돌을 내놓을 때에 무리가 외치기를 은총, 은총이 그에게 있을지어다 하리라 하셨고(슥 4:6-7).

6) 날아가는 저주의 두루마리(슥 5:1-4)

죄를 지을 때마다 즉시 회개하라.

7) 에바 속의 악의 여인(슥 5:5-11)

납처럼 양심을 누르는 죄악의 여인

8) 네 병거의 천사들(슥 6:1-8)

하나님의 섭리를 행하는 천사들

3. 여호수아에게 면류관을 씌움(슥 6:9-15)

이름을 '싹'이라 하는 사람이 성전을 재건하고 나라를 다스릴 것이며, 제사장이 세워질 것이다. 그 둘 사이에 평화의 의논이 있는 것처럼 두 직분을 겸하신 그리스도가 오실 것이다.

말하여 이르기를 만군의 야훼께서 이같이 말씀하시되 보라 싹이라 이름하는 사람이 자기 곳에서 돋아나서 야훼의 전을 건축하리라 그가 야훼의 전을 건축하고 영광도 얻고 그 자리에 앉아서 다스릴 것이요 또 제사장이 자기 자리에 있으리니 이 둘 사이에 평화의 의논이 있으리라 하셨다 하고(슥 6:12-13).

4. 금식에 대하여(슥 7-8장)

금식에 대한 메시지는 거의 2년 후에 선포되었다. 그것은 유다 멸망기부터 70년간 지켜왔던 금식에 대한 질문에 답변한 내용이다. 여기에서 스가랴는 올바른 금식이란 하나님 말씀을 청종하며 정의롭게 사는 것이라고 말씀하였다. 그럴 때 과거 패역한 조상들에게 내려졌던 저주가 축복으로 변하고 금식 절기는 희락의 절기로 바뀔 것이다.

> 온 땅의 백성과 제사장들에게 이르라 너희가 칠십 년 동안 다섯째 달과 일곱째 달에 금식하고 애통하였거니와 그 금식이 나를 위하여, 나를 위하여 한 것이냐(슥 7:5).

성전 멸망 애도일(5월)과 그달리야와 같은 지도자 사망의 날(7월)을 기념하는 금식이 단지 종교적 의를 내세우는 공로주의로 전락하였다.

5. 종말과 메시아의 예언(슥 9-14장)

여기에는 성전 재건에 관한 언급이 없고, 열방에 대한 하나님의 심판 등의 마지막 시대에 대한 묘사와 메시아의 예언이 담겨 있다.

메시아는 나귀를 타실 것이며(슥 9:9), 은 30에 팔리시고(슥 11:13), 찔리실 것이며(슥 12:10), 제자들은 흩어질 것이나(슥 13:7) 그 후에 재림하셔서 대적들을 물리치시고 영원한 왕국을 세우실 것이다(슥 14장).

> 시온의 딸아 크게 기뻐할지어다 예루살렘의 딸아 즐거이 부를지어다 보라 네 왕이 네게 임하시나니 그는 공의로우시며 구원을 베푸시며 겸손하여서 나귀를 타시나니 나귀의 작은 것 곧 나귀 새끼니라(슥 9:9).

Ⅳ. 주요한 교훈

1. 신정정치의 이상

스가랴는 신정사회(神政社會)를 추구한 선지자이다. 특히 전반부에서 스가랴는 정화된 백성들과 거룩한 성전, 그리고 기름 부음 받은 통치자로 구성된 현실적 신정공동체의 이상(理想)을 말씀하고 있다. 후반부에서는 메시아의 강림에 의한 종말론적인 신정국가를 예언한 것이다.

> 예루살렘을 치러 왔던 이방 나라들 중에 남은 자가 해마다 올라와서 그 왕 만군의 야훼께 경배하며 초막절을 지킬 것이라(슥 14:16).

2. 메시아에 대한 예언

메시아에 관한 스가랴의 다양하고 세밀한 예언은 가히 독보적이라 할 수 있다. 스가랴는 메시아를 싹(슥 3:8; 6:12), 내 종(슥 3:8), 내 목자(슥 13:7) 등으로 표현하고, 겸손과 의로 통치하는 구원의 왕으로 말한다(슥 9:9). 그는 전쟁의 도구를 부서뜨리는 승리자로 온 세상을 평화롭게 다스릴 것이다(슥 9:10).

그밖에도 나귀를 타고 예루살렘에 입성하심(슥 9:9), 은 삼십에 팔림(슥 11:12-3), 십자가에 못박힘(슥 12:10), 수난(슥 13:7), 십자가를 통한 죄를 씻음(슥 13:1), 승천 후 예루살렘의 애통과 회개(슥 12:10-13:1), 재림에 의한 심판(슥 14:3), 감람산에 강림하심(슥 14:4-5), 영원한 통치(슥 14:9), 새 예루살렘(슥 14:16) 등으로 매우 구체적으로 나와 있다.

V. 나가는 말

스가랴서에서는 예언과 묵시가 병존하고 있다. 역사적 현실에 기반을 둔 예언과는 달리 묵시는 시공을 초월하는 메시지가 많이 나타나서 해석을 어렵게 한다. 스가랴서가 난해함은 현대인들을 당황하게 하지만, 이는 힘으로 되지 아니하며 능으로 되지 아니하고 오직 야훼의 신으로 되는 것을 어찌 하랴!

말라기

만군의 야훼가 이르노라 너희 조상들의 날로부터 너희가 나의 규례를 떠나 지키지 아니하였도다 그런즉 내게로 돌아오라 그리하면 나도 너희에게로 돌아가리라 하였더니 너희가 이르기를 우리가 어떻게 하여야 돌아가리이까 하는도다 사람이 어찌 하나님의 것을 도둑질하겠느냐 그러나 너희는 나의 것을 도둑질하고도 말하기를 우리가 어떻게 주의 것을 도둑질하였나이까 하는도다 이는 곧 십일조와 봉헌물이라 너희 곧 온 나라가 나의 것을 도둑질하였으므로 너희가 저주를 받았느니라 만군의 야훼가 이르노라 너희의 온전한 십일조를 창고에 들여 나의 집에 양식이 있게 하고 그것으로 나를 시험하여 내가 하늘 문을 열고 너희에게 복을 쌓을 곳이 없도록 붓지 아니하나 보라 만군의 야훼가 이르노라 내가 너희를 위하여 메뚜기를 금하여 너희 토지 소산을 먹어 없애지 못하게 하며 너희 밭의 포도나무 열매가 기한 전에 떨어지지 않게 하리니 너희 땅이 아름다워지므로 모든 이방인들이 너희를 복되다 하리라 만군의 야훼의 말이니라(말 3:7-12).

Ⅰ. 들어가는 말

하나님의 백성들에게 또 다시 밤이 찾아왔다. 있는 힘을 다하여 성전을 지었지만 메시아 시대는 오지 않았다. 지치고 낙심한 백성들은 하나님을 섬기는 일에 최선을 다하지 않고, 야훼의 식탁을 경멸이 여겨 병들고 흠 있는 짐승으로 제물을 바쳤다. 이런 상황에서 마지막 선지자 말라기는 혼신의 힘을 다하여 그들의 믿음을 북돋워 주었다.

Ⅱ. 특징

1. 저자

말라기는 "나의 사자"라는 이름의 뜻을 가진 주전 5세기의 선지자이다. 구체적으로는 느헤미야의 활동 이전에 사역했다는 견해(주전 460-450년)와 그보다 몇십 년 이후(주전 433-32년)에 사역했다는 견해가 있다. 어쨌든 그의 시대는 좌절한 유다인들이 하나님께 항변하기도 하고, 혹은 해이하고 타락한 행동을 하던 때였다. 그래서 말라기서는 질문과 대답의 형식을 통하여 논쟁적으로 기록한 책으로 간결하고 힘찬 필치로 쓰였다.

2. 역사적 배경

포로에서 귀환한 백성들은 곧바로 메시아 시대가 올 것으로 생각했으나 여전히 어려운 현실에 부딪히자 냉소주의가 만연되었다. 성전 건축 이후로도 계속되는 고난으로 인하여 사람들은 종교적이고 사회적으로 타락하였으며 불신과 의심이 팽배하였다. 그러한 절망적인 상황에서 말라기는 백성들을 각성시키고 믿음의 회복과 희망을 주고 있다.

Ⅲ. 내용 개요

1. 서언(말 1:1-5)

하나님께서는 역경으로 인하여 상심한 이스라엘 백성들에게 그의 사랑을 확신시키고 있다. 사람들은 어려운 일을 만날 때마다 하나님의 사랑을 의심하지만 그 사랑은 영원불변한 것이다.

> 야훼께서 이르시되 내가 너희를 사랑하였노라 하나 너희는 이르기를 주께서 어떻게 우리를 사랑하셨나이까 하는도다 나 야훼가 말하노라 에서는 야곱의 형이 아니냐 그러나 내가 야곱을 사랑하였고(말 1:2).

2. 제사장들에 대한 책망(말 1:6-2:9)

1) 하나님께서는 제사장들이 제물로 토색한 것과 병들고 저는 짐승을 드렸음을 책망하신다.

> 너희가 더러운 떡을 나의 제단에 드리고도 말하기를 우리가 어떻게 주를 더럽게 하였나이까 하는도다 이는 너희가 야훼의 식탁은 경멸히 여길 것이라 말하기 때문이라(말 1:7).

2) 하나님은 율법대로 행하지도 않고 가르치지도 않은 제사장들에게 멸시와 천대를 받게 하신다고 말씀하신다.

예컨대 느헤미야의 시대에 대제사장 엘리아십의 손자 요야다의 아들이 사마리아 총독 산발랏의 사위가 되고(느 13:28), 엘리아십이 암몬 사람 도비야에게 성전의 방을 내어주는(느 13:7) 일이 있었다.

> 너희가 내 길을 지키지 아니하고 율법을 행할 때에 사람에게 치우치게 하였으므로 나도 너희로 하여금 모든 백성 앞에서 멸시와 천대를 당하게 하였느니라 하시니라(말 2:9).

3. 백성들에 대한 책망(말 2:10-4:3)

1) 잡혼과 이혼에 대한 책망(말 2:10-16)

하나님 앞에 제물을 드려도 열납되지 않는 사람들이 눈물로 하나님의 제단을 적시면서 왜 응답하시지 않느냐고 묻는다. 그것은 조강지처를 버림으로 결혼의 서약을 깨뜨렸기 때문이다. 하나님께서는 이혼하는 것과 아내를 학대하는 것을 미워하신다.

> 너희는 이르기를 어찌 됨이니이까 하는도다 이는 너와 네가 어려서 맞이한 아내 사이에 야훼께서 증인이 되시기 때문이라 그는 네 짝이요 너와 서약한 아내로되 네가 그에게 거짓을 행하였도다(말 2:14).

결혼은 하나님이 증인이 되시므로 신성하고, 또한 보호를 받는다.

2) 하나님의 임재와 심판 예언(말 2:17-3:6)

백성들이 악인의 번창함을 보며 하나님의 공의를 의심한다. 하나님께서는 악인을 심판하시고 유다 백성들을 연단은 하시되 결코 소멸시키지는 않으신다.

> 그가 은을 연단하여 깨끗하게 하는 자 같이 앉아서 레위 자손을 깨끗하게 하되 금, 은 같이 그들을 연단하리니 그들이 공의로운 제물을 나 야훼께 바칠 것이라(말 3:3).

3) 십일조와 헌물에 대한 책망(말 3:7-12)

포로 귀환 백성들이 생활에 어려움을 겪고 있을지라도 온전한 십일조를 하나님 전에 드리면 쌓을 곳이 없도록 부어지는 축복을 체험하게 될 것이다. 그가 사는 곳이 낙원처럼 되어 뭇 민족이 부러워하게 될 것이다.

느헤미야 시절 제사장들이 먹을 것이 없어서 도망가는 일이 있었다. 온전한 십일조를 드릴 때 참된 예배가 드려지고, 하늘의 축복을 누리게 된다.

> 내가 또 알아본즉 레위 사람들이 받을 몫을 주지 아니하였으므로 그 직무를 행하는 레위 사람들과 노래하는 자들이 각각 자기 밭으로 도망하였기로 내가 모든 민장들을 꾸짖어 이르기를 하나님의 전이 어찌하여 버린 바 되었느냐 하고 곧 레위 사람을 불러 모아 다시 제자리에 세웠더니 이에 온 유다가 곡식과 새 포도주와 기름의 십일조를 가져다가 곳간에 들이므로(느 13:10-12).

4) 악인과 의인의 심판(말 3:13-4:3)

끝으로 하나님께서는 불손한 자를 심판하시지만, 하나님을 경외하는 자는 책에 기록해 주시고, 그들을 아끼시며 치료하는 광선을 비추사 병을 고쳐주실 것이다.

> 내 이름을 경외하는 너희에게는 공의로운 해가 떠올라서 치료하는 광선을 비추리니 너희가 나가서 외양간에서 나온 송아지 같이 뛰리라(말 4:2).

4. 결론적 경고(말 4:4-6)

말라기는 야훼의 날에 대한 대망을 권고한다. 그날이 올 때까지 하나님의 율법을 기억할 것이며, 선지자 엘리야의 말씀을 듣고 회개해야 할 것이다.

보라 야훼의 크고 두려운 날이 이르기 전에 내가 선지자 엘리야를 너희에게 보내리니(말 4:5).

Ⅳ. 중심 사상

1. 만군의 야훼

만군의 야훼는 말라기에 가장 보편적인 명칭이다. 만군의 뜻은 이스라엘 군대나, 하늘의 군대나 별들, 또는 하늘과 땅에 존재하는 모든 것들을 가리킨다.

만군의 야훼가 이르노라 해 뜨는 곳에서부터 해 지는 곳까지의 이방 민족 중에서 내 이름이 크게 될 것이라 각처에서 내 이름을 위하여 분향하며 깨끗한 제물을 드리리니 이는 내 이름이 이방 민족 중에서 크게 될 것임이니라(말 1:11).

2. 질문과 응답

말라기에는 유별나게 질문과 답변이 많다. 그것은 종교적 열정이 식어버리고 의심이 팽배했다는 것을 말해준다. 그러나 밤이 깊으면 새벽이 가까운 법이다. 말라기는 오늘날 성경 배열 순서에 있어서 빛이신 메시아가 오시기 직전 밤의 마지막 시기의 상황을 보여준다.

Ⅴ. 나가는 말

말라기 선지자는 메시아가 오시기 전에 그 길을 예비하는 역할을 엘리야가 수행할 것이라고 한다(말 3:1; 4:5). 이 말씀은 이사야의 예언과 연결되며(사 40:3), 신약시대의 침례 요한의 출현으로 성취된다.

그 때에 침례 요한이 이르러 유대 광야에서 전파하여 말하되 회개하라 천국이 가까이 왔느니라 하였으니 그는 선지자 이사야를 통하여 말씀하신 자라 일렀으되 광야에 외치는 자의 소리가 있어 이르되 너희는 주의 길을 준비하라 그가 오실 길을 곧게 하라 하였느니라(마 3:1-3).

한상인교수의

성경 66권 맥잡기1(구약편)

발 행 일 : 2013년 9월 16일
2쇄발행 : 2013년 10월 16일

지 은 이 한상인
디 자 인 영성기백
펴 낸 이 임정훈
펴 낸 곳 다윗의열쇠
주 소 인천 부평구 부개로 12
등 록 제 2011-20호(2011. 9. 20)

* 독자의 의견을 기다립니다.

이 메 일 keyofdavid@hanmail.net
전 화 070)8637-2369, 010)8458-3927
팩 스 02)6918-4153
홈페이지 http://cafe.daum.net/keyofdavid

책 값 / 뒤표지에 있습니다.
ISBN / 978-89-967321-3-6 04230
978-89-967321-5-0(세트)

거룩하고 진실하사 다윗의 열쇠를 가지신 이 곧 열면 닫을 자가 없고
닫으면 열 사람이 없는 그(예수님)가 이르시되(계 3:7)

다윗의열쇠는 세상의 모든 것을 열고, 닫으시는 예수님의 권세와 능력이 상징입니다.
도서출판 다윗의열쇠는 왕이요 구원자 되신 예수님을 온 민족과 열방에 증거하기 위해 2011년 9월에 설립되었습니다.

이런 목적을 위해 첫째, 국내외 선교사님들의 사역을 직간접적으로 섬기고, 둘째, 치유와 회복을 통해 목회자분들과 성도님들의 영적 성장을 도우며, 셋째, 기름 부으심 있는 글을 통해 하나님의 사명자를 세우는 사역에 헌신하고 있습니다.

「이 도서의 국립중앙도서관 출판시도서목록(CIP)은 서지정보유통지원시스템 홈페이지(http://seoji.nl.go.kr)와
국가자료공동목록시스템(http://www.nl.go.kr/kolisnet)에서 이용하실 수 있습니다.(CIP제어번호: CIP2013017904)」